쉽게 배우는
재봉 & 수선

Lady Boutique Series No. 3369 Kaiteiban Onaoshi to Saiho Jitsurei
Copyright ⓒ 2012 by BOUTIQUE-SHA
All rights reserved.
First published in Japan in 2012 by BOUTIQUE-SHA, Tokyo
Korean translation rights arranged with BOUTIQUE-SHA
through Shinwon Agency Co., Seoul

이 책의 한국어판 저작권은 신원 에이전시를 통한 저작권자와
독점 계약한 싸이프레스에 있습니다.
저작권법에 의해 한국 내에서 보호를 받는 저작물이므로 무단 전재 및 복제를 금합니다.

초보자를 위한 홈 소잉 기초 교과서!

쉽게 배우는 재봉 & 수선

부티크사 편집부 편 | 김수연 옮김

CONTENTS

PART 1 재봉의 기초

재봉 도구…8

실 준비하기…10
실 평평하게 하기…10
바늘에 실 꿰기…10
적당한 실 길이…10
1가닥으로 사용하기 & 2가닥으로 사용하기…10
매듭 만들기…11
   손가락으로 만드는 경우…11
   바늘로 만드는 경우…11

시침핀 꽂기…12
시침핀 꽂는 방법…12
시침핀 꽂는 순서…12

시침질 방법…13
타래실 준비하기…13
시침질하기…13

기본 바느질 방법…14
골무 끼는 방법…14
바늘 잡는 방법…14
바느질 시작하기…14
바느질 마무리하기(매듭짓기)…14
홈질…14
온박음질…15
반박음질…15
보통 감치기…16
세로감치기…16
속감치기…16
새발뜨기…17
ㄷ자 감치기…17
휘감치기…17

단추 달기…18
구멍이 4개인 단추 다는 방법…18
보강단추 다는 방법…19
기둥 있는 단추 다는 방법…20
싸개단추 만드는 방법…21

훅 다는 방법…22
훅 & 아이 다는 방법…22
걸고리(스프링 훅) 다는 방법…23

스냅단추 다는 방법…24
스냅단추 다는 방법…24
가시도트단추 다는 방법…25

재봉틀에 대해서…26

테스트 재봉하기…27
재봉틀 선택 시 포인트…27
재봉틀은 어디서 사는 것이 좋나?…27
실 장력 조절하기…28
밑실 감는 방법…28
재봉틀의 고장과 그 원인…28

재봉하기…29
되돌아박기…29
되돌아박기를 하지 않고 재봉을 끝낼 경우…29
재봉하는 도중에 실이 모자랄 경우…29
스티치 재봉 방법…30
큰 땀폭으로 재봉하기…30

시접 처리하기…31
지그재그 재봉…31
두 번 접어박기…31
두 번 접어 끝단박기…31
끝단박기…32
통솔…32
뉨솔…33
쌈솔…33

바이어스테이프로 처리하기…34
바이어스테이프 만드는 방법…34
스티치하기…35
숨겨박기…35
볼록한 곡선 처리하기…36
오목한 곡선 처리하기…37

다림질에 대해서…38

다림질하기…39
테스트 다림질하기…39
재봉한 바느땀 안정시키기…39
시접 가르기…39
시접 한쪽으로 넘기기…39
작은 곡선의 경우…40
원통형 시접의 경우…40

곡선 박아서 뒤집기…41
오목한 곡선의 경우…41
볼록한 곡선의 경우…41

모서리 박아서 뒤집기…42
모서리 박는 방법…42
볼록한 모서리 박아서 뒤집기…42
오목한 모서리 박아서 뒤집기…43

둥근 부분 박아서 뒤집기…44

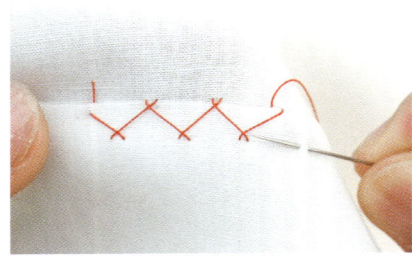

PART 2 옷 수선하기

허리 고무줄이 늘어났어요…46
옷핀을 사용해서 새 고무줄로 바꾸는 방법…46

아이 옷이나 물건에 이름표를 달아주고 싶어요…48
바느질해서 다는 타입(네임 라벨)…48
접착 타입(의류 부착용 다림스티커)…48

스커트가 너무 길어요…50
폭이 별로 넓지 않은 스커트의 길이를 짧게 할 경우…50
폭넓은 플레어스커트의 길이를 짧게 할 경우…51

새로 산 바지가 너무 길어요…52
재봉틀을 사용해서 밑단을 줄일 경우…52
밑단 테이프를 사용해서 밑단을 줄일 경우…53

바늘땀이 터졌어요…54
니트 소재 의류의 옆선이 터졌을 경우…54
바지의 엉덩이 부분이 터졌을 경우…55
와이셔츠의 소매나 요크 부분의 올이 풀렸을 경우…55

밥을 먹으면 배가 나와서 옷이 불편해져요…56
허리가 헐렁할 경우…56

단추가 자꾸 풀려요…57
단춧구멍 크기 정하는 방법…57

스커트가 너무 타이트해서 걷기 불편해요…58

넥타이의 끝 부분이 닳아서 해졌어요…59

와이셔츠의 커프스가 닳아서 해졌어요…60

세탁했더니 바지 길이가 줄었어요…62

바지 밑단을 더블커트에서 싱글커트로 바꾸고 싶어요…63

바지통을 줄이고 싶어요…64

벨크로가 잘 안 붙어요…65

지퍼가 고장났어요…66
에프론지퍼의 경우…66
콘실지퍼의 경우…68

모자 고무줄이 늘어났어요…70

강아지가 인형을 물어뜯었어요…71

우산 끝 부분이 뜯어졌어요…72

검은색 티셔츠의 색이 바랬어요…73
진한 색 티셔츠 등의 퇴색을 늦추는 세탁 방법…73

옷에 얼룩이 졌어요…74
얼룩의 종류별 대처법…74
쉽게 구할 수 있는 재료로 얼룩 제거하기…75
얼룩 제거에 사용할 수 있는 용액…75

와이셔츠를 잘 다리는 방법을 알려주세요…76

바지 무릎이 튀어나왔어요…78

옷이 상했어요…80
넘어져서 바지 무릎이 찢어졌어요…80
셔츠의 옷자락이 찢어졌어요…81
스노보드를 타다가 소매 부분이 찢어졌어요…82
옷이 타서 구멍이 났어요…83
스웨터의 팔꿈치에 구멍이 났어요…84

스커트의 실고리가 끊어졌어요…86

플리츠스커트의 주름이 펴졌어요…87

세탁할 수 있는지 궁금해요…88

PART 3 하루 만에 소품 만들기

작품을 만들 때 필요한 도구…90
원단·실·바늘의 관계에 대해서…91
원단의 겉과 안 구분하는 방법…92
실 색상 선택하는 방법…92
원단 올 바로잡기…93
코튼·리넨 원단의 올 바로잡기…93

재단 & 표시하기…94
재단 방법…94
　시접이 포함되어 있는 패턴의 경우…94
　시접이 포함되어 있지 않은 패턴의 경우…94
표시하는 방법…95
표시할 때 필요한 도구…95

접착심에 대해서…96
접착심의 장점…96
접착심의 종류…96
접착심의 겉과 안…96

접착의 조건…97

접착심 붙이는 방법…97

DIY ITEM 01 에코백…98
DIY ITEM 02 핀 쿠션…104
DIY ITEM 03 쿠션 커버…106
DIY ITEM 04 손걸레…109
DIY ITEM 05 보자기 가방…112
DIY ITEM 06 미니 에이프런…114
DIY ITEM 07 도시락 주머니 & 물병 주머니…116
DIY ITEM 08 유치원 가방…120
DIY ITEM 09 북 커버…126
DIY ITEM 10 냄비 장갑…128
DIY ITEM 11 사각 파우치…130
DIY ITEM 12 곰 인형…132
DIY ITEM 13 토트백…136

PART 1
재봉의 기초

기초부터 배워야 하는 초보자는 물론, 학교에서 배웠지만
잊어버렸거나 다른 사람에게 물어보기 쑥스러운 분들을 위해 준비한 내용입니다.
기초부터 차근차근 배워 나가세요.

재봉 도구

처음부터 모든 도구를 갖출 필요는 없지만 여기에서 소개하는 도구들은 재봉에 필요한 도구이다.
이 외에도 편리한 도구들이 있으니 자신에게 맞는 도구를 조금씩 갖춰 나가도록 한다.

제공/ ★=클로버(CLOVER)
☆=후직스(FUJIX)

재단 가위 ★

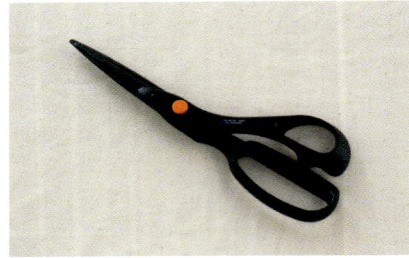

원단을 재단하는 데 적합한 커다란 가위이다. 실제로 잡아보고 자신에게 맞는 것을 선택하는 것이 좋다. 종이 등 원단 이외의 것을 자르면 날이 상할 수 있으니 주의한다.

재단 가위 쥐는 방법

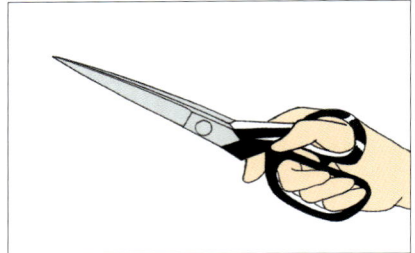

엄지를 손잡이의 작은 구멍에 넣고, 중지에서 새끼손가락까지는 큰 구멍에 넣고 가위를 꽉 쥔다. 검지를 가위의 움푹 팬 위치에 걸면 자세가 안정된다. 엄지를 제외한 나머지 손가락을 모두 큰 구멍에 넣어서 쥐어도 된다. 자신이 쥐기 쉬운 방법을 선택하면 된다.

재단 가위 사용 방법

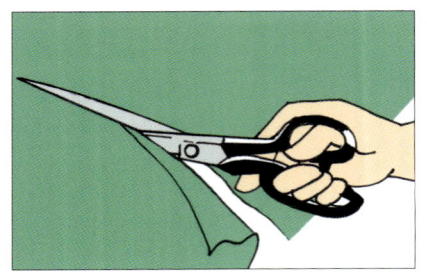

원단이 최대한 뜨지 않도록 가윗날의 아래쪽을 책상에 바싹 붙여서 재단하면 원단을 깔끔하게 자를 수 있다.

골무 ★

손바느질을 할 때 바늘을 잡는 손의 중지에 끼워서 사용한다. 바늘이 잘 들어가지 않는 원단이라도 골무를 끼면 쉽게 바느질할 수 있다. 금속이나 가죽 소재의 골무가 있으니 자신에게 맞는 사이즈와 타입을 사용한다.

핀 쿠션 ★

손바늘과 시침핀을 꽂아둘 때 사용한다.

자

치수나 길이를 잴 때 꼭 필요한 도구이다.

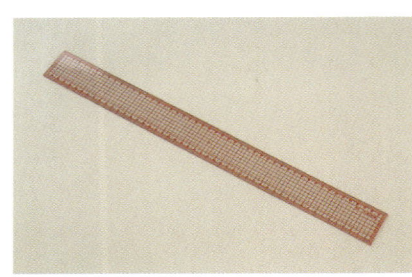

쪽가위 ★
손바느질용 실이나 재봉실을 자를 때 사용한다. 섬세한 작업을 할 때 사용하므로 손에 쥐기 쉽고 날이 예리한 것을 선택한다.

실 ☆
실에는 손바느질용 실과 재봉실이 있다. 이름처럼 손바느질용 실은 손바느질을 할 때 사용하며, 재봉실은 재봉틀로 바느질을 할 때 사용한다.

재봉실

손바느질용 실

손바느질용 실과 재봉실의 차이
실은 몇 가닥의 가는 실이 합쳐져 있는데, 손바느질용 실과 재봉실은 실이 꼬인 방향이 서로 다르다. 손바느질용 실은 오른쪽으로, 재봉실은 왼쪽으로 꼬여 있다. 손바느질로 하는 부분을 재봉실로 바느질하면 바느질하는 동안에 꼬임이 바뀌게 되어 실이 뒤틀려서 엉키기 쉬우므로 손바느질로 하는 부분은 손바느질용 실을 사용한다.

시침핀 ★
바느질을 할 때 원단과 원단이 서로 어긋나지 않도록 고정해두는 핀이다.

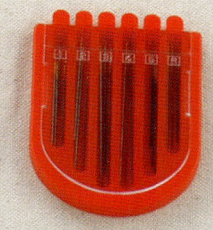

손바늘 ★
손바느질용 바늘이다. 굵기와 길이가 다양하니 원단에 적합한 것을 선택한다. 일반적으로 두꺼운 원단에는 굵은 바늘을, 얇은 원단에는 가는 바늘을 사용한다.

시침실 ★
원단을 바느질해서 연결할 부분을 시침핀으로 고정해놓고 정확하게 바느질하기 위해 임시로 꿰맬 때 사용하는 실이다.

실 준비하기

실 평평하게 하기

손바느질용 실은 보빈 등에 감겨 있는 경우가 많기 때문에 실을 폈을 때 구부러져 있는 부분이 있다. 그대로 사용하면 엉키기 쉬우므로 반드시 실을 평평하게 편 뒤에 사용한다.

1
손바느질용 실을 30~40cm 정도 준비한다.

2
검지에 실을 얽는다.

3
팽팽하게 잡아당기고 엄지로 실을 튕긴다.

4
실이 평평해진 모습

바늘에 실 꿰기

1
실 끝을 비스듬히 자른다.

2
바늘귀에 실을 끼운다.

실을 꿸 때 편리한 도구
익숙해지기 전까지는 실을 꿸 때 의외로 많은 시간이 걸린다. 이때 작업을 수월하게 해주는 도구를 소개한다.

바늘실꿰기
(실을 자를 수 있는 칼날이 달린)
제공=클로버(CLOVER)

자동실꿰기
굵은 바늘, 가는 바늘 모두 사용할 수 있는 탁상용 타입
제공=가와구치(KAWAGUCHI)

적당한 실 길이

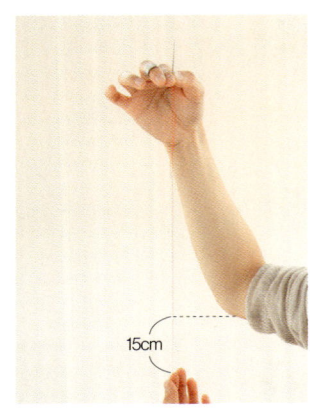

바느질에 서투른 사람들은 보통 실을 길게 해서 사용한다. 그러나 너무 긴 실을 사용하면 바느질하는 동안에 실이 엉키거나 중간에 매듭이 생겨버려서 사용하기 어려워진다. 팔꿈치 밑으로 15cm 정도 더 내려온 길이의 실이 적당하다.

1가닥으로 사용하기 & 2가닥으로 사용하기

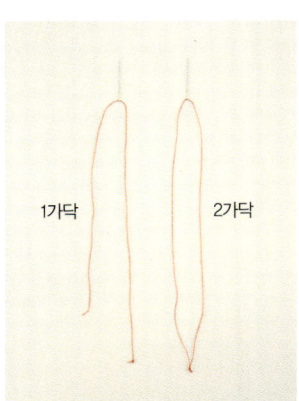

바늘에 실을 끼우고 1가닥만으로 매듭을 지어 사용하는 것을 '1가닥으로 사용하기'(왼쪽), 2가닥을 한꺼번에 매듭지어 사용하는 것을 '2가닥으로 사용하기'(오른쪽)라고 한다.

매듭 만들기

바느질을 했을 때 실이 빠지지 않도록, 바늘에 실을 끼우고 나서 '매듭'을 만든다.

손가락으로 만드는 경우

1
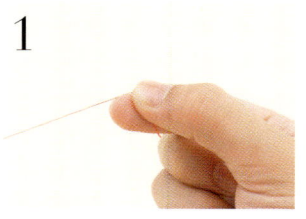
엄지와 검지로 실 끝을 잡는다.

2

검지에 실을 1번 감는다.

3
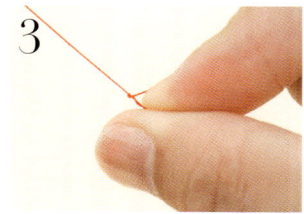
엄지와 검지를 비벼서 실 끝을 고리 사이에 넣은 다음 엄지와 중지로 실 끝을 끌어낸다.

4
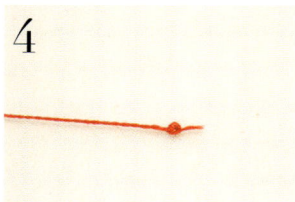
매듭의 완성. 매듭 끝 부분은 짧게 자른다.

바늘로 만드는 경우

1

바늘에 실을 끼운다.

2
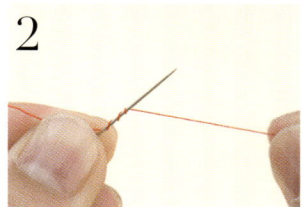
긴 쪽의 실을 바늘에 2~3번 정도 감는다.

3

감은 실을 손가락 끝에 댄다.

4

손가락 끝에 대서 만들어진 매듭을 엄지와 검지로 잡는다.

5

반대쪽 손으로 바늘을 빼낸다.

6
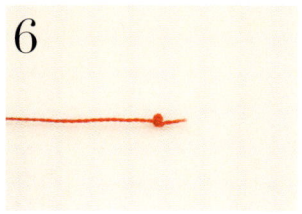
매듭의 완성. 매듭 끝 부분은 짧게 자른다.

시침핀 꽂기

바느질하는 위치가 어긋나지 않도록 시침핀으로 고정한다.

시침핀 꽂는 방법

올바른 방법

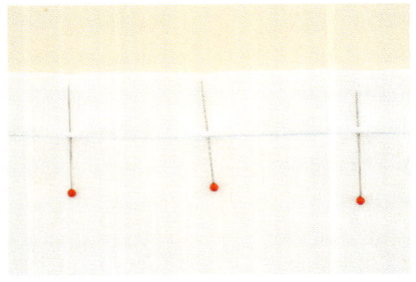

원단을 맞댄 다음 표시한 부분과 직각이 되게 시침핀을 꽂고 원단을 살짝 떠서 고정한다.

잘못된 방법

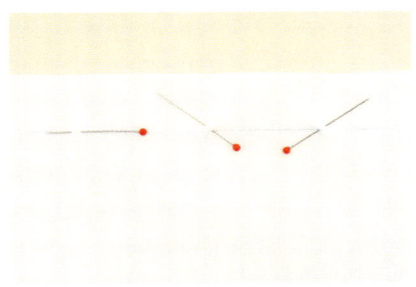

표시한 부분에 평행하게 꽂거나 비스듬히 꽂게 되면 원단이 어긋나거나 손가락을 다칠 수 있으니 주의한다.

바늘땀을 크게 해서 원단이 뜨지 않도록 한다.

시침핀 꽂는 순서

시작 부분을 고정한다.

마지막 부분을 고정한다.

1과 2의 중간을 고정한다. 맞춤점 등이 있는 경우에는 맞춤점을 고정한다.

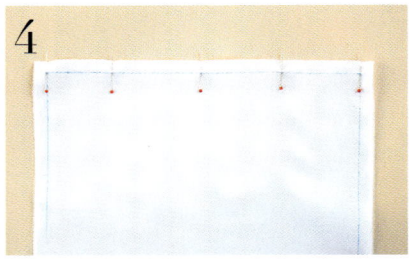

바느질할 길이가 긴 경우에는 1과 3 사이, 3과 5 사이를 고정한다.

시침질 방법

곡선을 꿰맬 때처럼 시침핀만으로 원단이 어긋나기 쉬운 경우에는 시침실로 꿰매어 고정한다.
임시로 고정하는 것이므로 실제로 꿰맨 뒤에는 시침실을 빼내도록 한다.

시침실
제공=클로버(CLOVER)

타래실 준비하기

일반적으로 시침실은 '타래'로 감겨 있다. 실 뭉치에서 실을 빼낼 때 얽히지 않도록 사용하기 전에 준비를 해둔다.

1

시침실에 붙어 있는 라벨을 빼낸 다음 고리로 되어 있는 다발의 한 군데를 자른다.

2

실이 뒤틀리지 않도록 편 다음 적당한 크기의 종이를 감아둔다.

3

실을 사용할 때는 고리로 되어 있는 부분에서 1가닥씩 빼내면 얽히지 않고 뽑아 쓸 수 있다.

시침질하기

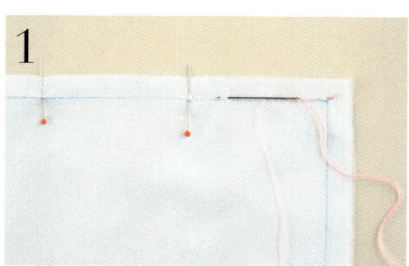

1

바늘에 시침실을 끼우고 매듭을 만든다. 완성선보다 시접 쪽으로 0.2cm 떨어진 부분을 꿰맨다.

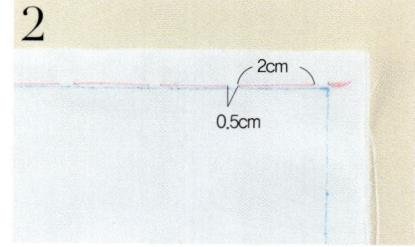

2

2cm 정도를 꿰매고 0.5cm 정도를 뜨면서 꿰매 나간다.

기본 바느질 방법

골무 끼는 방법

골무는 주로 쓰는 손의 중지의 제1관절과 제2관절 사이에 끼운다(왼쪽). 손가락 끝에 끼우거나 너무 깊게 끼우면 바늘이 고정되지 않아서 바느질을 제대로 할 수 없다(오른쪽).

 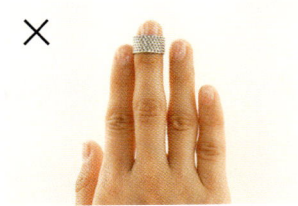

바늘 잡는 방법

바늘은 주로 쓰는 손의 엄지와 검지로 잡은 다음 바늘귀를 골무에 직각으로 갖다 댄다.

바느질 시작하기

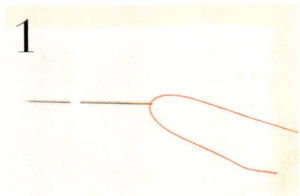

1 시작 위치에 바늘을 넣고 한 땀 꿰맨다.

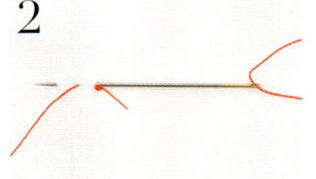

2 바늘을 꽂았던 위치에 한 번 더 바늘을 넣어 꿰맨다.

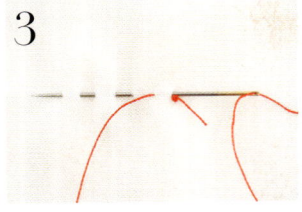

3 여러 땀을 꿰매어 나간다.

바느질 마무리하기(매듭짓기)

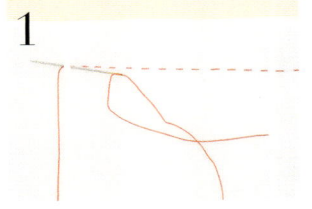

1 시작할 때와 마찬가지로, 한 땀 되돌아와서 똑같은 위치를 꿰맨다.

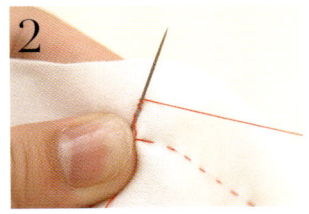

2 바느질이 끝난 위치에 바늘을 대고 실을 2~3번 감는다.

3 실을 감은 부분이 어긋나지 않도록 엄지로 누르면서 바늘을 빼내어 매듭을 짓는다. 그 다음 여분의 실을 자른다.

홈질

손바느질의 기본이 되는 바느질 방법이다. 3mm 정도를 기준으로 해서 겉과 안의 바늘땀이 똑같은 간격이 되도록 꿰매 나간다. 1~2mm의 촘촘한 바늘땀으로 꿰매는 것을 '촘촘한 홈질'이라고 하며, 개더를 잡을 때 등에 사용한다.

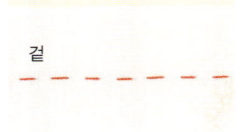 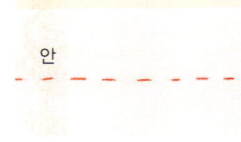

겉 / 안

1 엄지와 검지로 원단을 잡은 다음 왼손 쪽의 원단을 잡아당기면서 위아래로 움직인다. 골무로 바늘을 눌러가면서 꿰맨다.

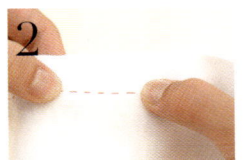

2 계속해서 꿰매다 보면 손 안에 원단이 쌓이므로 엄지와 검지를 사용해서 바늘땀 위를 훑어서 평평하게 한다. 이것을 '실 훑어내기'라고 한다.

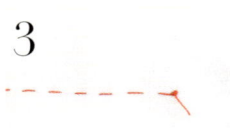

3 홈질의 완성

온박음질

재봉틀로 박은 바늘땀처럼 보이는 바느질 방법이다. 한 땀씩 앞으로 되돌아가면서 꿰매 나가기 때문에 튼튼하게 완성된다. 3mm 간격으로 꿰맨다.

1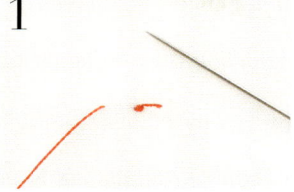
한 땀 꿰맨다.

2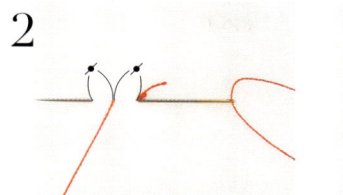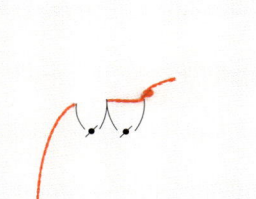
처음 바늘을 꽂았던 위치에 한 번 더 바늘을 넣고 두 땀 앞에서 바늘을 빼내어 실을 잡아당긴다.

3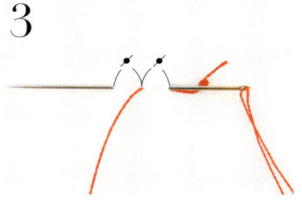
한 땀 되돌아간 다음 두 땀 앞에서 바늘을 빼낸다. 이것을 반복한다.

4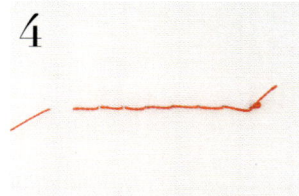
완성

반박음질

홈질한 바늘땀처럼 보이는 바느질 방법이다. 한 땀 뜨고 다시 되돌아가는 동작은 온박음질과 동일하나, 한 땀 모두 되돌아가는 것이 아니라 반 땀만큼 되돌아가서 꿰매는 것을 반복한다.

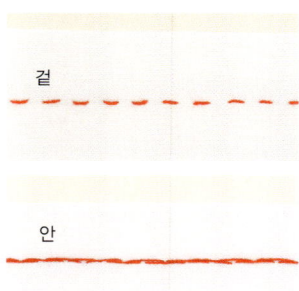

1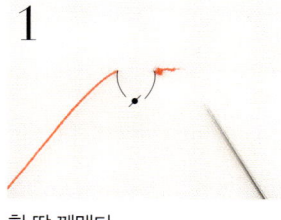
한 땀 꿰맨다.

2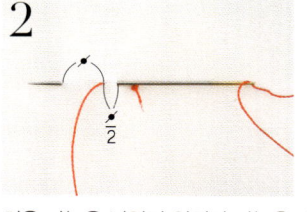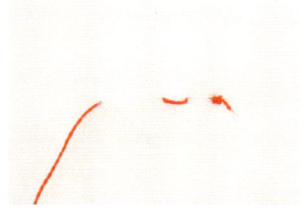
처음 바늘을 넣었던 위치와 바늘을 빼냈던 위치의 중간까지 바늘을 되돌려서 넣은 다음, 1.5땀 앞에서 바늘을 빼내어 실을 잡아당긴다.

3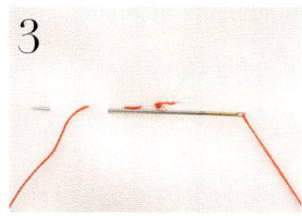
②를 반복한다.

4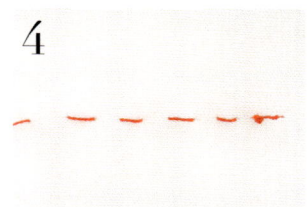
완성

보통 감치기

밑단 등을 처리할 때 많이 사용되는 방법이다.
겉에서 보이지 않는 감치기 방법이다.

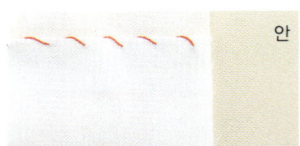

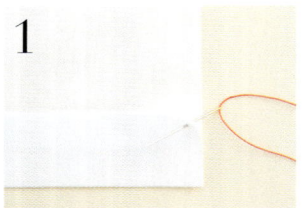
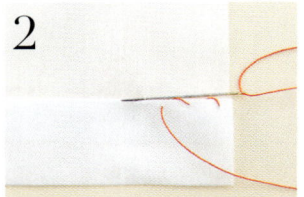
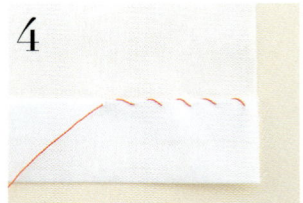

1 시접의 안쪽에서부터 바늘을 빼낸다.

2 위쪽으로 비스듬하게 원단의 올을 1~2가닥 뜬다.

3 시접의 안쪽에서부터 바늘을 빼낸다.

4 실을 잡아당기면 사선으로 실이 걸쳐진다. 이 동작을 반복한다.

세로감치기

바지의 밑단을 줄일 때나 벨트의 가장자리를 감칠 때 사용되는 방법이다.
4~5mm 간격으로 꿰매 나간다.

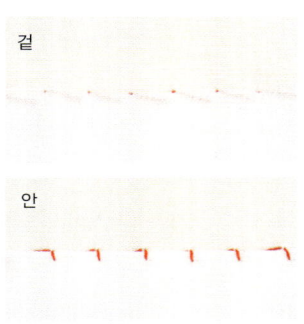

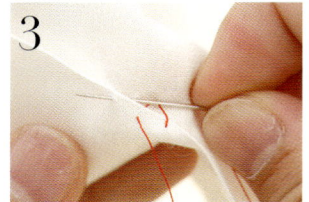

1 시접의 안쪽에서부터 바늘을 빼낸다.

2 바로 위쪽에 있는 원단의 올을 1가닥 뜬다.

3 4~5mm 정도 앞에 있는 시접의 안쪽에서부터 올을 뜬 바늘을 빼낸다. 이 동작을 반복한다.

속감치기

주로 스커트나 바지의 밑단을 줄일 때 사용되는 방법이다. 시접 안쪽의 속을 감치는 방법으로, 최대한 겉에서 땀이 보이지 않도록 원단의 올을 1가닥 떠야 하며, 실을 너무 세게 잡아당기지 않는 것이 포인트이다.

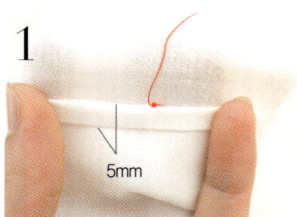

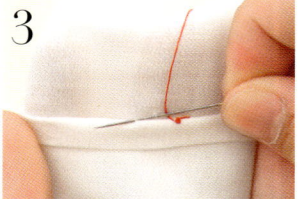

1 시접의 가장자리를 5mm 정도 접어 겹친 다음 한 땀 떠서 실을 잡아당긴다.

2 겉감의 올을 1가닥 뜬다.

3 접어 겹친 부분의 안쪽에서부터 올을 뜬 바늘을 빼낸다.

4 ②와 ③을 반복한다.

새발뜨기

원단의 가장자리를 처리할 때 사용되는 방법이다.
새발뜨기의 경우에는 왼쪽에서 오른쪽으로 꿰매 나간다.

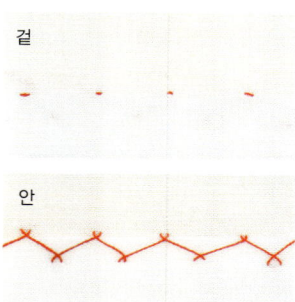

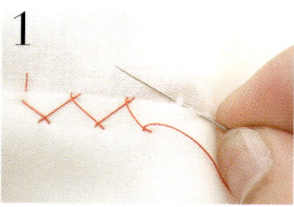

1. 시접의 안쪽에서부터 바늘을 빼낸 다음 오른쪽 위에 있는 원단의 올을 2~3가닥 뜬다.

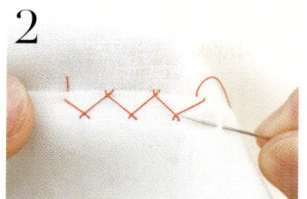

2. 오른쪽 아래에 있는 시접을 한 땀 뜬다. 이 동작을 반복한다.

ㄷ자 감치기

원단의 접음선과 접음선을 마주대고 꿰매기 때문에 바늘땀이 보이지 않는 바느질 방법이다.
인형의 솜 넣는 구멍이나 창구멍을 막을 때 사용된다.

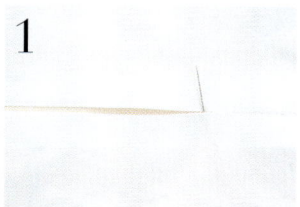

1. 트여 있는 부분의 가장자리에 있는 시접의 접음선에서 바늘을 빼낸다.

2. 바로 위쪽에 있는 접음선을 가로로 뜬다.

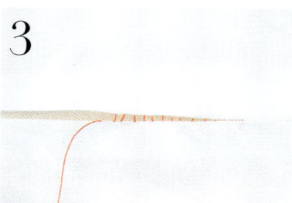

3. 바로 아래쪽을 ②와 똑같이 가로로 뜬다. 이 동작을 반복해서 실을 잡아당기면 위아래의 접음선이 딱 맞게 감쳐진다.

휘감치기

원단 가장자리의 올 풀림을 방지하거나 펠트 마스코트를 꿰매어 달 때 주로 사용되는 방법이다. 촘촘한 바늘땀으로 꿰매는 것을 '말아감치기'라고 한다.

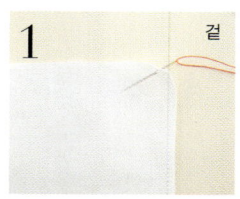

1. 안에서 겉으로 바늘을 빼낸다.

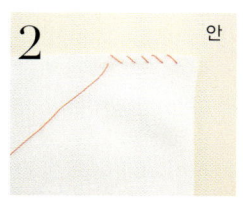

2. 원단 가장자리를 말듯이 안에서 겉으로 바늘을 빼내서 꿰매 나간다.

원단 2장을 감칠 경우

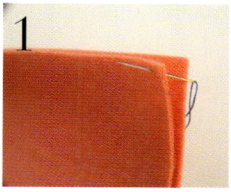

1. 원단 사이에서 바늘을 빼낸다.

2. 뒤쪽에서 2장을 한꺼번에 바늘을 꺼낸다.

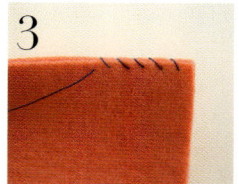

3. 원단 가장자리를 말듯이 안에서 겉으로 바늘을 빼내서 꿰매 나간다.

말아감치기

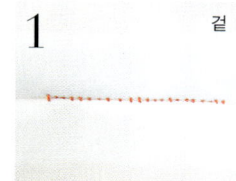

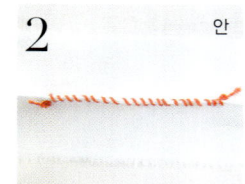

단추 달기

단추는 채웠다 풀었다 할 때마다 힘이 들어가기 때문에 튼튼하게 꿰매어 달아두지 않으면 헐거워지거나 떨어져버릴 수 있다. 올바른 방법으로 튼튼하면서도 채우기 쉽도록 단추를 달아보자.

구멍이 4개인 단추

상의, 겉옷, 하의 등 다양한 아이템에 사용된다.

구멍이 2개인 단추

셔츠나 블라우스 등에 많이 사용된다.

단추달기용 실

단추를 달 때는 단추달기용 실 또는 단춧구멍실을 사용한다. 손바느질용 실보다 굵직해서 1가닥으로도 튼튼하게 달 수 있다. 실은 단추와 똑같은 색상이나 비슷한 색상을 사용한다.

손바느질용 실로 다는 경우

단추달기용 실이나 단춧구멍실이 없는 경우에는 손바느질용 실로도 달 수 있다. 이때는 2가닥으로 해서 꿰매어 달면 튼튼하게 달 수 있다.

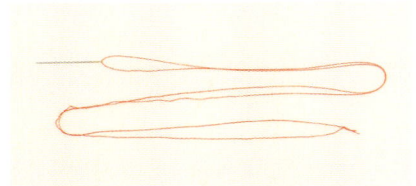

구멍이 4개인 단추 다는 방법

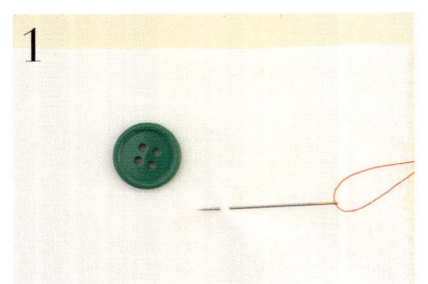

1 단추를 달 위치의 중심을 한 땀 뜬다.

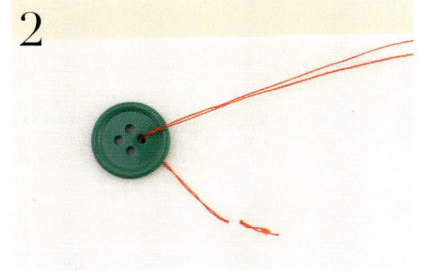

2 단추의 안쪽에서 구멍에 바늘을 통과시킨다.

3 바로 옆 구멍에 바늘을 꽂은 다음 원단의 안쪽까지 바늘을 꽂는다.

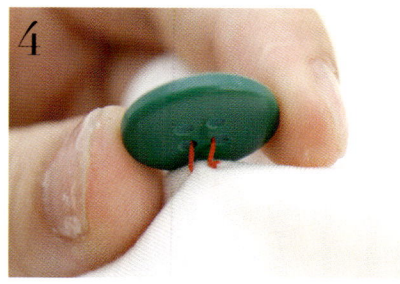

4

이때 단추와 원단 사이에 3mm 정도의 간격이 생기도록 실 길이를 조절한다. 코트처럼 두꺼운 원단의 경우에는 조금 더 간격을 크게 한다.

5

먼저 두 개의 구멍에 3~4번 정도 헐겁게 끼운다. 그 다음 나머지 두 개의 구멍에도 마찬가지 방법으로 실을 통과시킨다.

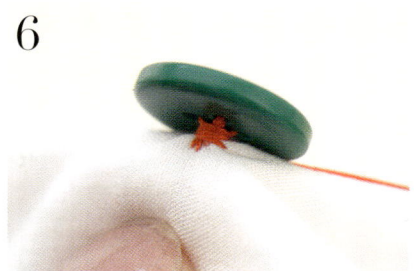

6

단추와 원단 사이에 있는 실 부분에 위에서 아래로 실을 3~4번 정도 돌돌 감는다.

7

마지막으로 실의 고리 속으로 바늘을 통과시킨다.

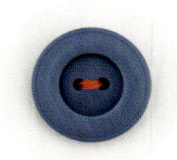

구멍이 2개인 단추도 똑같이 단다.

8

약간 세게 잡아당겨서 조인다.

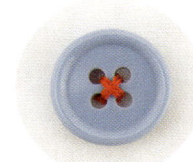

구멍이 4개인 단추는 실을 대각선으로 통과시켜도 된다.

9

원단의 뒤쪽으로 바늘을 빼낸 다음 매듭을 지어 완성한다.

보강단추 다는 방법

단추의 뒤쪽에 다는 작은 단추를 '보강단추'라고 한다. 코트나 재킷 등 두꺼운 옷감에 단추를 달 때 옷감이 상하지 않도록 하기 위해서 단추와 함께 보강단추를 단다.

보강단추

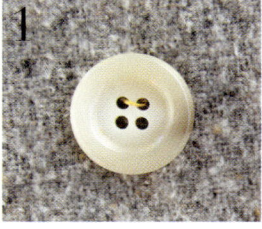

1

'구멍이 4개인 단추 다는 방법'의 ①~③과 같은 방법으로 단추를 단 다음 실을 뒤쪽으로 빼낸다.

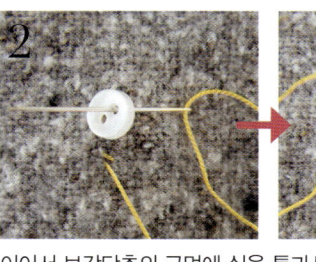

2

이어서 보강단추의 구멍에 실을 통과시킨 다음 겉쪽으로 바늘을 빼낸다.

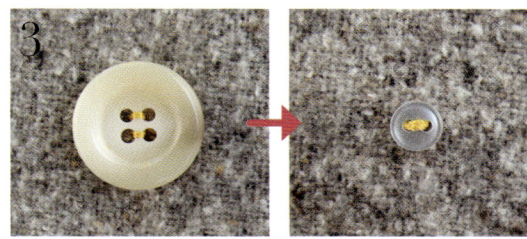

3

①과 ②를 반복한 다음 '구멍이 4개인 단추 다는 방법'의 ④~⑨와 같은 방법으로 단추를 단다.

기둥 있는 단추 다는 방법

기둥 있는 단추

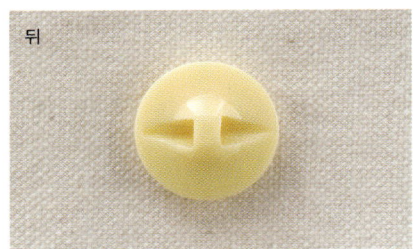

뒤쪽에 실을 끼우는 구멍이 있는 단추로 디자인이 다양하다. 옷이나 소품을 만들 때 포인트로 사용할 수 있다.

1
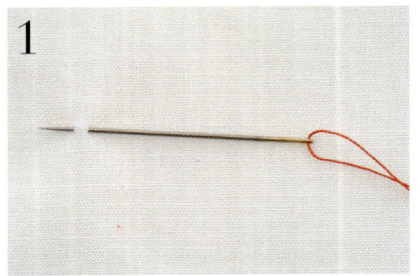

단추를 달 위치의 중심을 한 땀 뜬다.

2

단추 뒤쪽의 구멍에 바늘을 통과시킨다.

3

처음 위치에 바늘을 넣는다.

4

이때 단추와 원단 사이에 1mm 정도의 간격이 생기도록 실을 잡아당긴다.

5
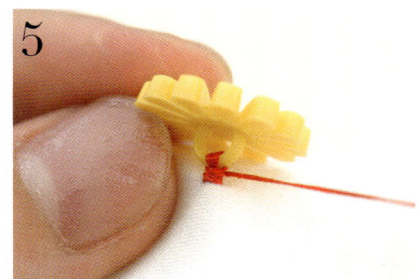

②, ③을 2~3번 반복한다. 마지막으로 단추와 원단 사이에 있는 실 부분에 실을 1~2번 감는다.

6

원단의 뒤쪽으로 바늘을 빼내어 매듭을 짓는다.

싸개단추 만드는 방법

천으로 단추를 감싸서 만드는 싸개단추를 쉽게 만들 수 있는 세트를 소개한다.
크기도 여러 가지가 있으므로 마음에 드는 원단을 사용해서 나만의 단추를 만들어보자.

싸개단추 세트

제공=클로버(CLOVER)

1 단추 지름의 약 2배인 동그란 원단과 싸개단추 세트를 준비한다.

2 시접의 폭이 5mm 정도가 되게 해서 주위를 홈질한다.

3 원단 안쪽의 중심에 단추를 놓고 실을 잡아당겨서 매듭을 짓는다. 그 다음 실을 자른다.

4 단추 뚜껑을 단추 본체에 끼워 넣으면 완성이다.

싸개단추 세트

제공=클로버(CLOVER)

1 세트에 기재되어 있는 원단의 크기에 맞춰 자른 원단과 싸개단추 세트를 준비한다.

2 하얀 고무케이스에 원단을 올려놓고 그 안에 단추 앞부분을 뒤집어서 밀어 넣는다.

3 시접을 중앙으로 한데 모은다.

4 단추 뒷부분을 올려놓는다.

5 파란 고무로 눌러서 단추 뒷부분을 끼운다.

6 고무케이스에서 단추를 꺼내면 완성이다.

훅 다는 방법

훅 & 아이 다는 방법

스커트나 바지의 허리에 사용하는 훅이다. 힘이 들어가는 부분이기 때문에 튼튼하게 달아야 한다. 겹쳤을 때 위가 되는 쪽에 훅을, 아래쪽에 아이를 단다. 훅부터 달아 나간다.

1

겉에서 한 땀 뜬 다음 실을 잡아당겨서 매듭을 원단 속으로 끌어넣는다.

2

훅의 구멍에 실을 통과시킨다.

3
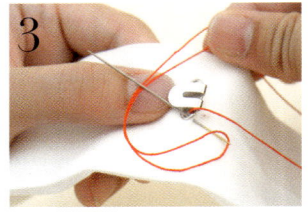
구멍 아래에서 바늘을 빼낸 다음 실을 감듯이 걸친다.

4

실을 조인 다음 조인 실을 앞쪽으로 잡아당긴다.

5

훅의 쇠붙이가 보이지 않을 때까지 ③, ④를 반복한다.

6

실을 자르지 않고 옆에 있는 구멍으로 이동한다.

7

마찬가지 방법으로 나머지 구멍을 휘감친다.

8
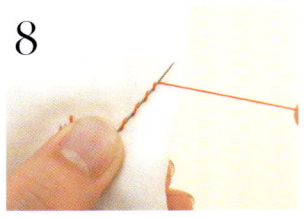
바늘을 안쪽으로 빼내어 매듭을 짓는다.

9
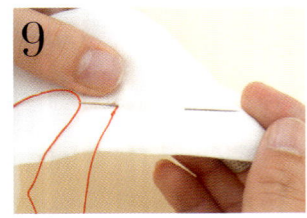
매듭을 지은 위치에 바늘을 꽂은 다음 약간 떨어진 곳에서 바늘을 빼낸다.

10
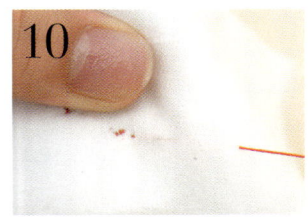
매듭을 원단 속으로 끌어넣고 여분의 실을 자른다.

11

완성된 모습

12

아이도 훅과 마찬가지 방법으로 꿰매어 단다.

걸고리(스프링 훅) 다는 방법

일반적인 훅보다 작으며, 원피스의 여밈이나 지퍼 윗부분의 여밈 등에 사용한다.

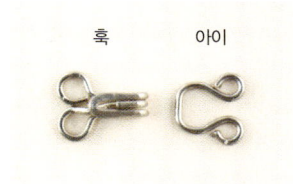

 훅

'훅 & 아이 다는 방법'의 ①~⑥과 마찬가지 방법으로 꿰매어 단다.

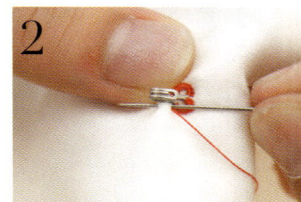
갈고리 부분의 옆쪽으로 실을 빼낸다.

갈고리 부분에도 2~3번 실을 걸친다.

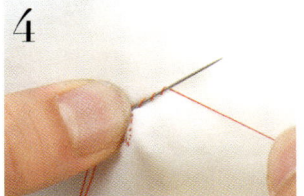
바늘을 안쪽으로 빼내어 매듭을 짓는다.

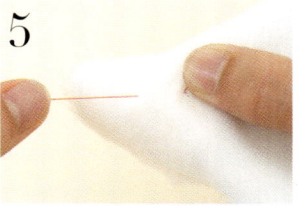
매듭을 지은 위치에 바늘을 꽂은 다음 약간 떨어진 곳에서 바늘을 빼낸다. 실을 잡아당긴 다음 매듭을 원단 속으로 끌어넣는다.

훅의 완성된 모습

 아이

아이도 마찬가지 방법으로 꿰매어 단다.

갈고리 부분에도 실을 통과시켜서 고정한다.

아이의 완성된 모습

스냅단추 다는 방법

스냅단추 다는 방법

스냅단추는 간편하게 열고 닫을 수 있는 단추이다. 겹쳤을 때 위가 되는 쪽에 수놈을, 아래쪽에 암놈을 단다.

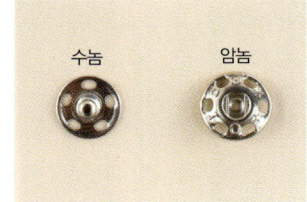

원포인트 팁

먼저 수놈을 달고 아래쪽으로 원단을 내리 누르면 원단에 수놈의 자국이 생긴다. 그 자국에 맞춰서 암놈을 달면 서로 어긋나지 않고 달 수 있다.

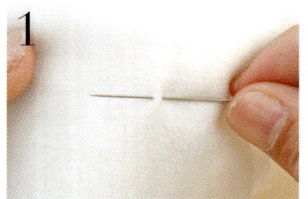

1 단추를 달 위치를 한 땀 뜬다.

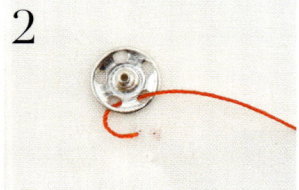

2 수놈의 구멍에 실을 끼운다.

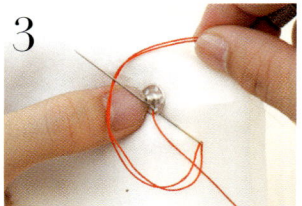

3 구멍 밑에서 바늘을 빼낸 다음 실을 감듯이 바늘에 건다.

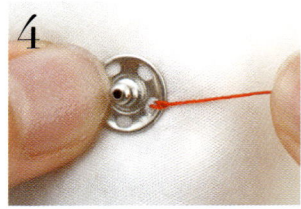

4 실을 조인 다음 조인 실을 앞으로 잡아당긴다.

5 ③, ④를 반복하며 실을 자르지 않고 모든 구멍을 휘감친다.

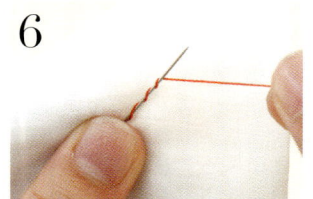

6 바늘을 안쪽으로 빼내고 매듭을 짓는다.

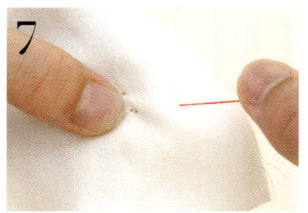

7 매듭의 위치에 바늘을 꽂은 다음 약간 떨어진 부분에서 바늘을 빼낸다. 실을 꽉 잡아당겨서 매듭을 원단 속으로 끌어넣는다.

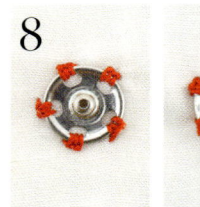

8 수놈의 완성 모습. 암놈도 수놈과 마찬가지 방법으로 단다.

편리한 도구

줄스냅단추

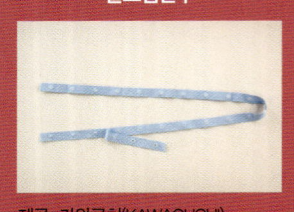

제공=가와구치(KAWAGUCHI)

스냅단추가 일정 간격으로 달려 있는 테이프이다. 스냅단추를 손바느질로 달면 시간이 꽤 걸리는데, 이 줄스냅단추를 사용하면 테이프의 양쪽 가장자리를 재봉틀로 박기만 하면 되기 때문에 쉽게 달 수 있어 편리하다. 주로 아이들이나 노년층을 위한 의류에 사용된다.

가시도트단추 다는 방법

용도는 스냅단추와 비슷하지만 실과 바늘 대신 전용 막대기구를 망치로 두드려서 단다. 딱히 정해진 것은 아니지만 수놈을 아래쪽에, 암놈을 위쪽에 다는 경우가 많다.

가시도트단추 기구
막대기구가 함께 들어 있는 것이 편리하다. 가시는 두 종류가 있으니 틀리지 않도록 주의한다.

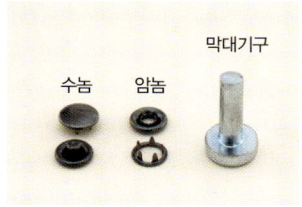

제공=클로버(CLOVER)

막대기구를 두드릴 망치가 필요하다. 또한 마룻바닥이나 책상에 흠집이 생기지 않도록 단단하고 튼튼한 받침대를 준비한다.

암놈

1. 암놈의 가시를 단추를 달 위치의 안쪽에서 밀어낸다.

2. 가시 위에 암놈을 올려놓는다.

3. 막대기구를 그 위에 올려놓고 망치로 두드린다.

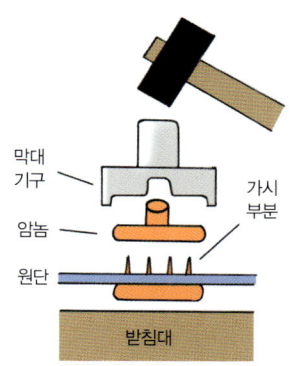

4. 너무 세게 두드리면 단추 부분이 변형되므로 주의한다.

수놈

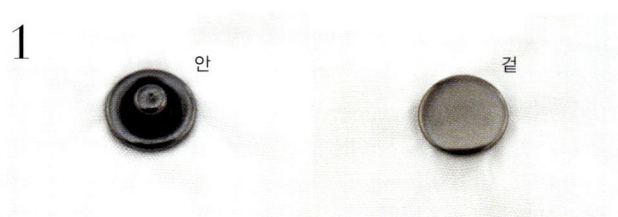

1. 수놈도 암놈과 마찬가지 방법으로 단다.

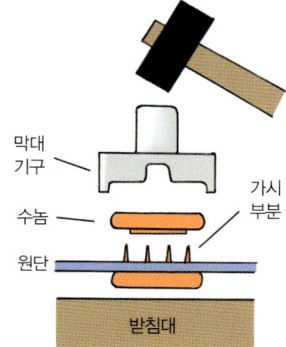

재봉틀에 대해서

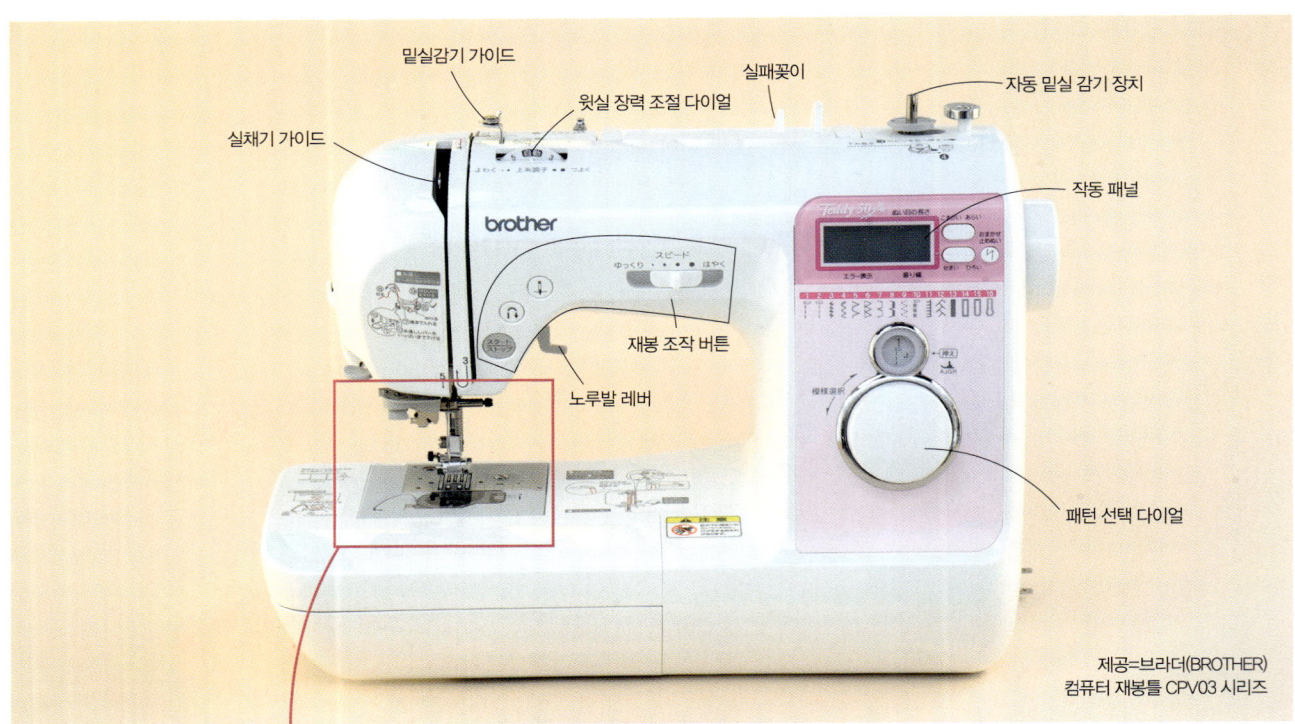

제공=브라더(BROTHER)
컴퓨터 재봉틀 CPV03 시리즈

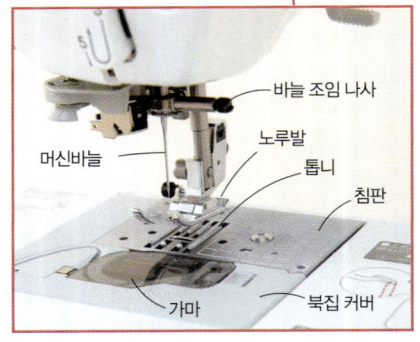

발판 컨트롤러

발판 컨트롤러를 사용하면 양손을 자유롭게 사용할 수 있기 때문에 재봉틀을 조작하기가 수월해진다. 밟는 힘을 조절해서 속도도 조절할 수 있기 때문에 초보자가 사용하기도 쉽다. 부속품으로 들어 있는지 확인하고 나서 재봉틀을 선택하는 것도 중요하다.

북알

재봉틀의 밑실을 감아 두는 부속품으로, 플라스틱제와 금속제가 있다. 여분의 북알이 있으면 다른 재봉실로 바꿀 때 편리하다. 두 종류의 두께가 있으니 사용설명서를 확인한다.

노루발

재봉 방법에 따른 다양한 노루발이 들어 있다. 이 책에서는 여기서 소개하고 있는 재봉틀에 들어 있는 노루발을 소개한다.

지그재그 노루발
직선 및 지그재그, 장식 재봉 등 다양한 재봉에 사용한다.

단춧구멍 노루발
단춧구멍을 만들 때 사용하는 노루발이다.

오버캐스팅 노루발
원단의 가장자리 처리에 사용한다.

지퍼 노루발
지퍼를 달 때 사용하는 노루발이다.

단뜨기 노루발
스커트나 바지의 밑단을 감칠 때 사용한다.

테스트 재봉하기

실제로 재봉할 원단 또는 그와 비슷한 원단을 사용하여 실제로 재봉할 속도로 재봉하면서 윗실과 밑실의 장력을 확인한다.

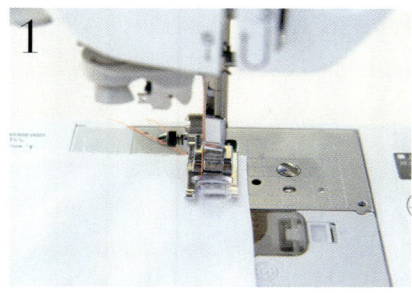

1
사용설명서대로 윗실과 밑실을 세팅한다. 실을 뒤쪽으로 빼둔 다음 원단을 놓고 노루발을 내린다.

2
양손으로 원단을 가볍게 누르고 재봉한다.

3
바늘이 가장 높은 위치로 올라간 상태에서 노루발을 올리고 원단을 뒤쪽으로 잡아당긴 다음 실을 자른다.

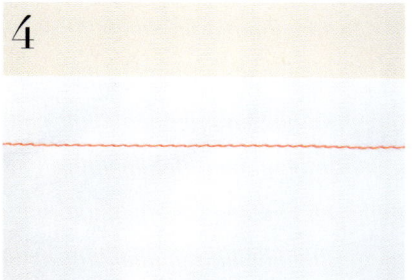

4
겉과 안의 바늘땀을 확인하여 문제가 없으면 재봉을 시작한다. 윗실이나 밑실 중 어느 한쪽이 당겨져 있거나, 원단이 뒤틀려 있거나, 바늘땀이 넓어졌거나 혹은 좁아졌다면 조절을 한다.

재봉틀 선택 시 포인트

재봉틀은 크기와 기능뿐만 아니라 가격도 천차만별이기 때문에 어느 것을 구매하는 것이 좋을지 망설여지기 마련이다. 반드시 필요한 기능은 직선 재봉과 지그재그 재봉이다. 이 두 가지 기능만 있으면 대부분의 작품을 만들 수 있다. 조작 버튼이 있는 재봉틀의 경우에는 부속품으로 발판 컨트롤러가 있으면 재봉할 때 양손을 사용할 수 있어서 편리할 뿐만 아니라, 재봉 속도를 발로 조절할 수 있어 좋다. 또한 프리암 기능이 있는 타입은 소맷부리처럼 섬세한 부분을 재봉할 때 편리하다. 최소한의 기능에, 자신이 평소에 무엇을 만들고 싶어 했는지에 따라 추가되는 기능이 달라진다. 집 근처에 수예 전문점이나 전문 판매점이 있는 경우에는 재봉틀을 직접 만져보면서 기능이나 편리함 등을 확인한 뒤에 구입하는 것이 좋다.

재봉틀은 어디서 사는 것이 좋나?

전문 판매점뿐만 아니라 수예 전문점, 홈패션 재료 전문 쇼핑몰, 온라인 쇼핑몰 등에서도 구입할 수 있지만, 고장이 났을 때 반드시 애프터서비스가 가능한지 확인한 뒤에 구입해야 한다. 재봉틀은 잘 관리하면서 제대로만 사용하면 몇 십 년 이상도 사용할 수 있다.

실 장력 조절하기

재봉틀의 종류에 따라 실 장력(실에 걸리는 힘)을 조절하는 방법이 다르다. 윗실로만 조절할 수 있는 것도 있고 윗실과 밑실 양쪽 모두 조절할 수 있는 것도 있다. 자세한 내용은 사용설명서에 적혀 있으니 확인하기 바란다. 또한 북알에 밑실을 감을 때 올바르게 감지 않으면 실 장력이 나빠지는 원인도 될 수 있으니 주의해야 한다.

밑실 감는 방법

북알에 실이 평행하게 감겨 있지 않으면 실 장력이 나빠지거나 바늘이 부러지는 원인이 된다. 대부분의 컴퓨터 재봉틀은 자동으로 올바르게 감을 수 있다. 만약 올바르게 감아지지 않는 경우에는 밑실을 감을 때 실 거는 방법이 잘못되지 않았는지 확인하도록 한다.

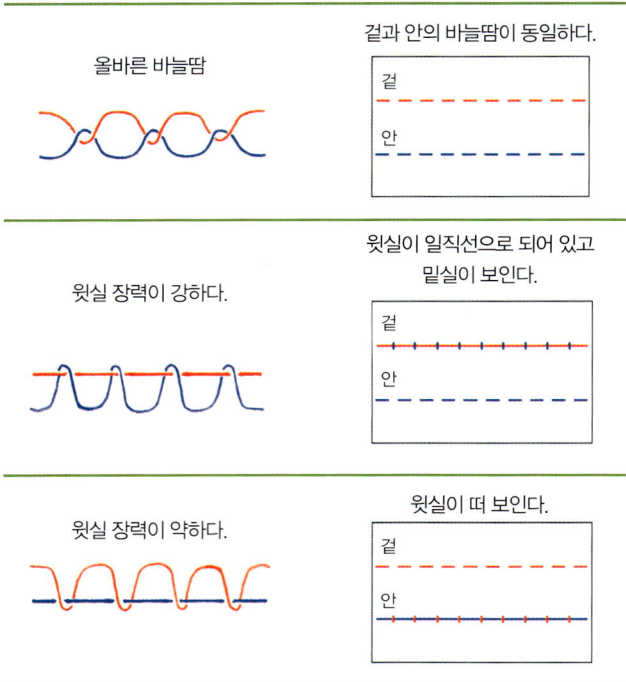

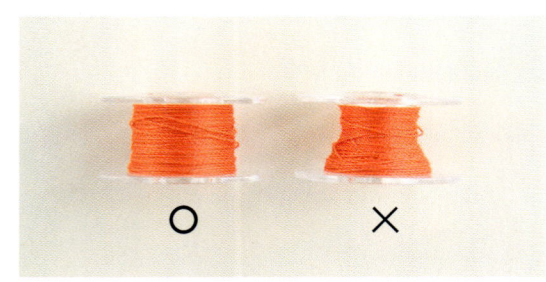

재봉틀의 고장과 그 원인

고장 상태	원인	고장 상태	원인
회전이 무겁다.	● 기름이 떨어졌다. ● 가마에 실밥이 끼어 있다.	바늘땀이 고르지 않다.	● 윗실과 밑실의 장력이 다르다. ● 노루발의 압력이 원단에 부적합하다.
윗실이 끊어진다.	● 윗실 장력이 너무 강하다. ● 윗실 거는 방법이 잘못되어 있다.	바늘땀이 건너뛴다.	● 바늘이 휘거나 끝이 무뎌져 있다. ● 노루발의 압력이 약하다.
밑실이 끊어진다.	● 밑실 장력이 너무 강하다. ● 가마에 실이 엉켜 있다.	바늘땀이 오그라든다.	● 윗실과 밑실의 장력이 너무 강하다. ● 톱니가 너무 나와 있다.

재봉하기

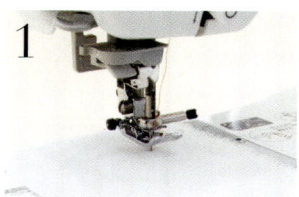

1 노루발과 바늘을 올린 다음 원단을 맞추어 바느질 시작 부분의 위치에서 바늘을 내린다.

2 노루발을 내린다.

3 양손으로 원단을 가볍게 누른 상태에서 재봉을 시작한다.

되돌아박기

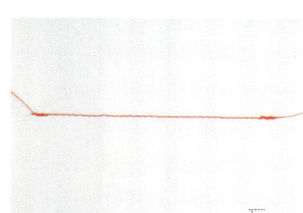

바느질 시작 부분과 마지막 부분은 바늘땀이 풀리지 않도록 같은 위치를 2~3땀 왕복시킨다. 이것을 되돌아박기라고 한다.

되돌아박기를 하지 않고 재봉을 끝낼 경우

바늘땀이 눈에 띄는 위치를 재봉할 때는 되돌아박기를 하지 않고 윗실과 밑실 2가닥을 한꺼번에 묶어서 고정한다.

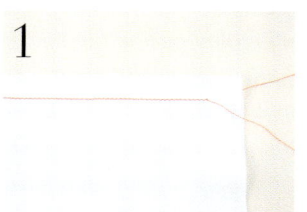

1 바느질 시작 부분과 마지막 부분은 실을 10~15cm 정도 남기고 자른다.

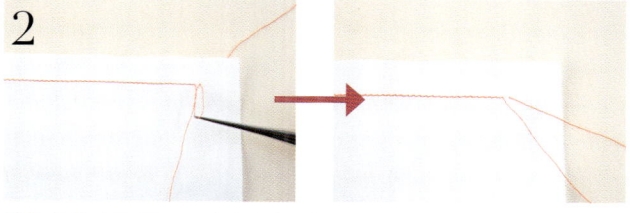

2 한쪽 실을 송곳 등으로 잡아당긴 다음 들려 올라온 아래쪽 실을 끌어내서 윗실과 밑실을 똑같은 쪽으로 빼낸다.

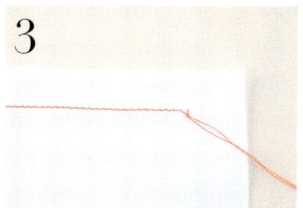

3 2가닥의 실을 한꺼번에 꽉 묶는다.

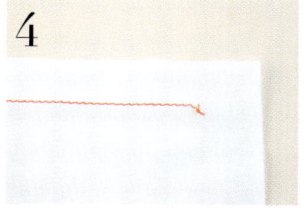

4 여분의 실을 자른다.

재봉하는 도중에 실이 모자랄 경우

재봉하는 도중에 윗실이나 밑실이 모자랄 경우에는 시작 부분부터 다시 재봉하지 않고 중간에 끊긴 바늘땀 위를 한 땀 되돌아박기한 다음 1cm 정도 겹쳐서 박는다. 부분적으로 다시 재봉하고 싶은 경우에도 그 부분의 바늘땀을 뜯고 겹쳐박기를 해서 다시 재봉한다.

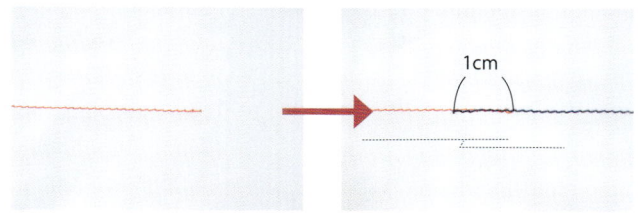

스티치 재봉 방법

깔끔하게 스티치를 하고 싶을 때는 부속품 중에 '솔기 안내'를 사용한다. 스티치 폭 조절나사로 폭을 조절하여 원단 가장자리에 끝을 딱 맞춰서 재봉한다.

솔기 안내

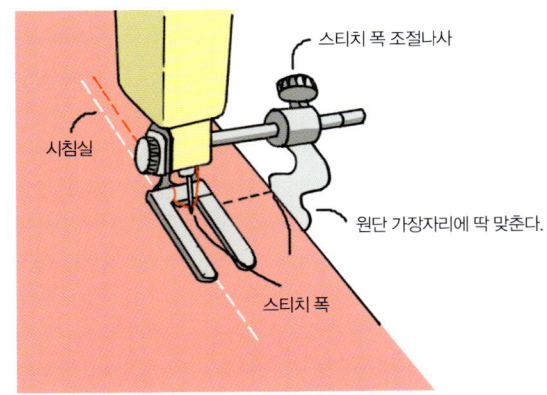

스티치 폭 조절나사
시침실
원단 가장자리에 딱 맞춘다.
스티치 폭

큰 땀폭으로 재봉하기

개더를 잡을 때나 지퍼를 달 때 사용한다. 땀폭을 조절할 수 있는 작동 패널을 돌려서 땀폭을 최대로 해서 재봉한다.

일반적인 바늘땀

성근 바늘땀

개더를 잡을 경우

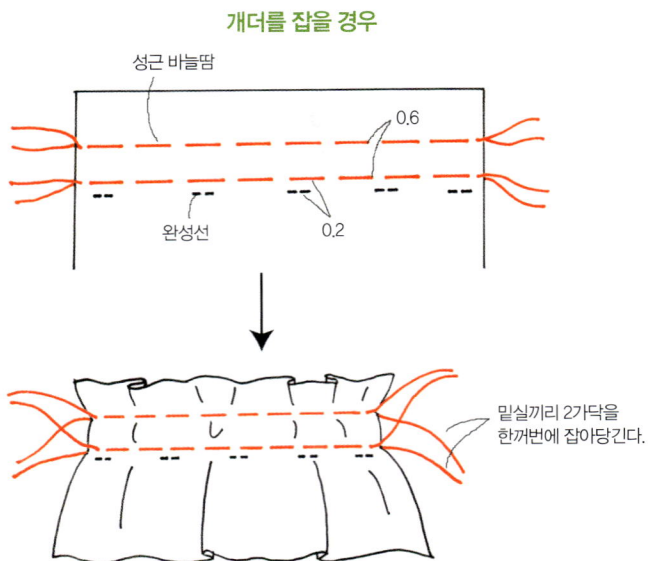

성근 바늘땀
0.6
완성선
0.2
밑실끼리 2가닥을 한꺼번에 잡아당긴다.

지퍼를 달 경우

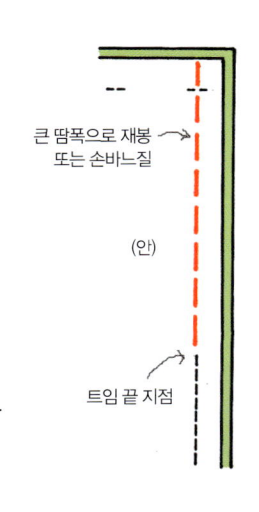

큰 땀폭으로 재봉 또는 손바느질
(안)
트임 끝 지점

시접 처리하기

지그재그 재봉

지그재그 재봉이란 말 그대로 지그재그로 재봉하는 것을 의미한다. 주로 원단을 재단한 뒤에 가장자리의 올이 풀리지 않도록 하기 위해서 사용한다.

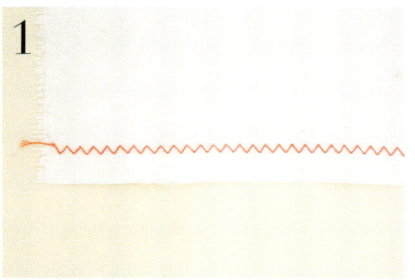

재봉틀의 작동 패널을 돌려서 지그재그 재봉의 표시에 맞춘 다음 땀폭과 땀길이를 정해서 재봉한다.

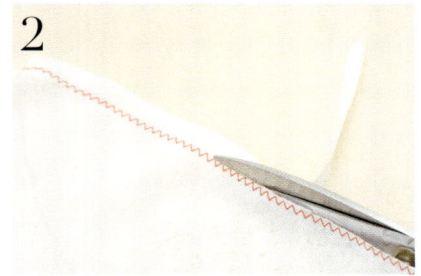

지그재그 재봉한 실을 자르지 않도록 주의하면서 원단의 가장자리를 자른다.

두 번 접어박기

원단의 가장자리를 안쪽으로 0.5cm 접은 다음 다리미로 정돈한다.

한 번 더 완성선을 따라 접은 다음 다리미로 정돈한다.

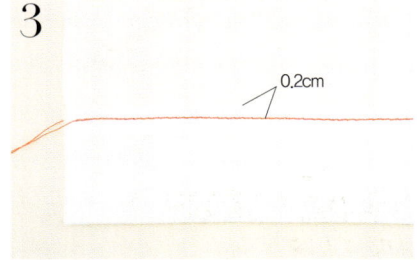

②에서 접은 부분의 가장자리에서 0.2cm 들어간 위치를 재봉한다.

두 번 접어 끝단박기

원단의 가장자리를 안쪽으로 1cm 접은 다음 다리미로 정돈한다.

한 번 더 안쪽으로 1cm 접은 다음 다리미로 정돈한다.

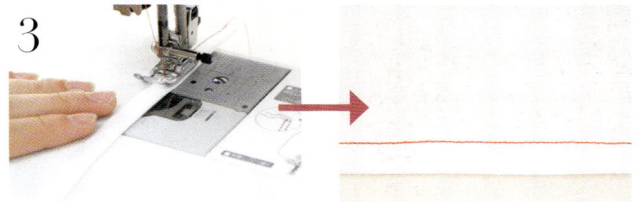

②에서 접은 부분의 가장자리에서 0.2cm 들어간 위치를 재봉한다.

끝단박기

1. 원단을 겉끼리 맞댄 다음 가장자리에서 1.3cm 들어간 위치를 재봉한다. 시접은 좌우로 가른다.
2. 시접의 가장자리를 안쪽으로 0.5cm 접은 다음 다리미로 정돈한다.
3. 접은 가장자리에서 0.2cm 들어간 위치를 재봉한다. 마찬가지 방법으로 반대쪽 가장자리도 재봉한다.

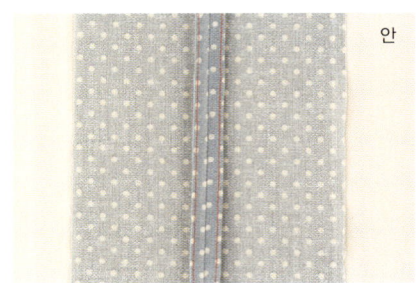

통솔

1. 원단을 안끼리 맞댄 다음 가장자리에서 0.6cm 들어간 위치를 재봉한다.
2. 다리미를 사용해서 시접을 좌우로 가른다.
3. 겉끼리 맞닿도록 바늘땀을 따라 접는다.
4. 가장자리에서 0.8cm 들어간 완성선을 재봉한다.

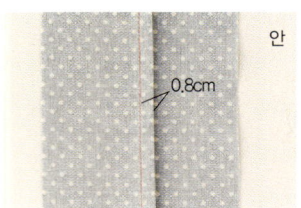
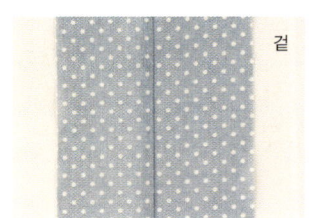

다림질을 해서 한쪽으로 넘긴다.

뉨솔

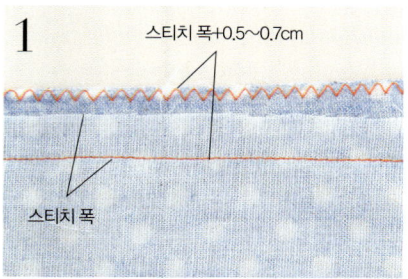

시접이 짧은 쪽은 스티치 폭, 긴 쪽은 스티치 폭+0.5~0.7cm로 준비한다. 긴 시접 쪽의 가장자리에 지그재그 재봉을 한다. 겉끼리 맞대고 완성선을 재봉한다.

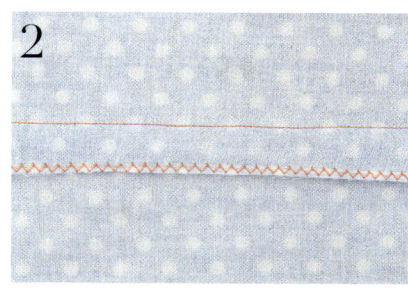

시접을 다리미로 가른 다음 지그재그 재봉을 한 쪽을 반대쪽으로 넘겨서 다림질을 한다.

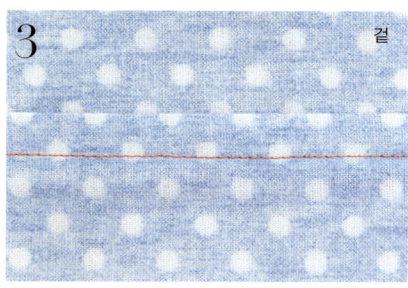
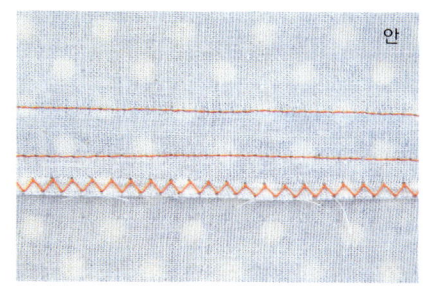

겉쪽에서 스티치 폭으로 재봉을 한다.

쌈솔

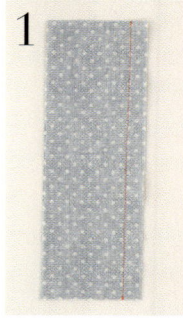

원단의 겉끼리 맞댄 다음 가장자리에서 1.3cm 들어간 위치를 재봉틀로 박는다.

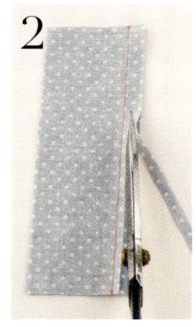

한쪽 시접을 폭 0.6cm로 자른다.

긴 시접 쪽으로 짧은 시접을 감싸듯이 접은 다음 다림질을 해서 정돈한다.

시접을 접어 올린 다음 다림질을 한다.

가장자리에서 0.1cm 들어간 위치를 재봉틀로 박는다.

유아용 내의 등을 손바느질로 완성할 때 주로 사용되는 바느질 방법이다. 피부에 닿는 촉감이 부드러운 것이 특징이다.

바이어스테이프로 처리하기

목둘레나 진동둘레, 가방의 입구 등을 처리할 때 사용된다. 시중에 파는 바이어스테이프를 사용하면 시간을 단축할 수 있다. 직접 만들면 마음에 드는 바이어스테이프를 만들 수 있어 좋다.

시중에 파는 바이어스테이프

시접이 접혀 있는 바이어스테이프를 사용하면 직접 만드는 수고를 덜 수 있다는 장점이 있다. 소재뿐만 아니라 색상, 무늬, 폭 등이 다양하다.

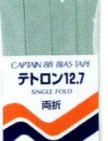

바이어스 메이커

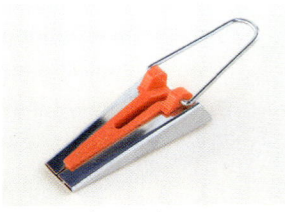

제공=클로버(CLOVER)

바이어스테이프 만드는 방법

바이어스메이커에 바이어스로 자른 테이프 모양의 원단을 끼우면 양쪽 시접이 접혀져서 나온다. 다리미로 접단을 누르면 마음에 드는 원단으로 바이어스테이프를 손쉽게 만들 수 있다. 시중에는 다양한 폭의 바이어스메이커가 판매되고 있다

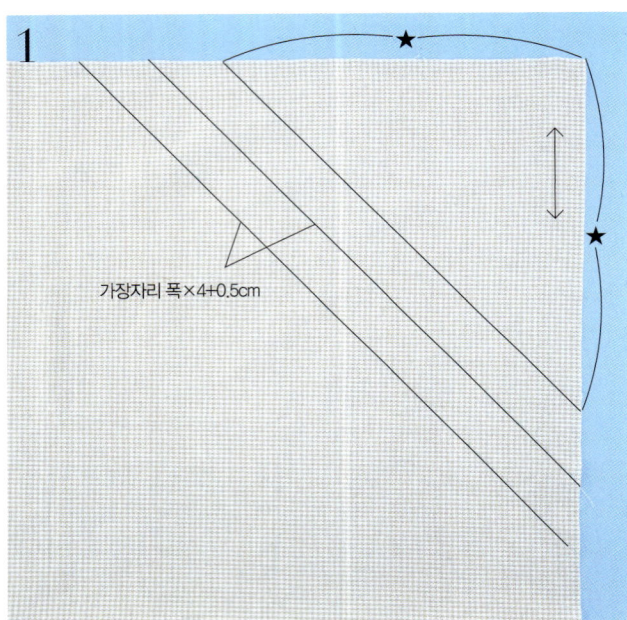

1

세로 올과 가로 올을 정돈한 다음 가로 세로로 같은 치수를 표시하여 선으로 연결한다. 폭은 '가장자리 폭×4+0.5cm'로 한다. 바이어스테이프는 늘어나기 때문에 0.5cm를 더한다. 선을 따라 자른다.

2

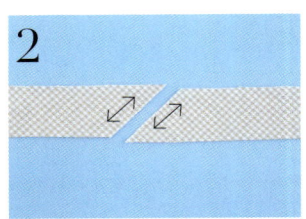

긴 바이어스테이프가 필요한 경우에는 세로 올과 가로 올을 연결한다.

3

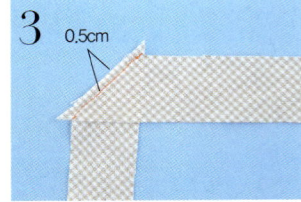

재단선을 겉끼리 맞댄 다음 0.5cm 들어간 위치를 꿰맨다.

4

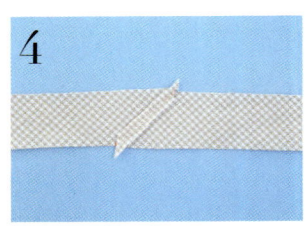

시접을 가른다.

5

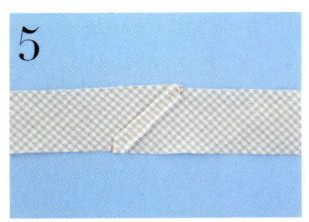

비어져 나온 시접을 잘라낸다.

6

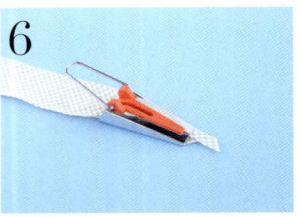

바이어스 메이커에 ⑤의 바이어스테이프를 끼운 다음 반대쪽으로 밀어낸다.

7

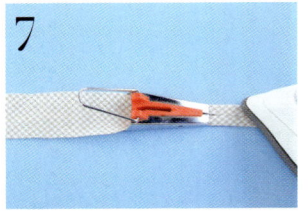

원단이 접혀져서 나오므로 다리미로 접단을 눌러 정돈한다.

8

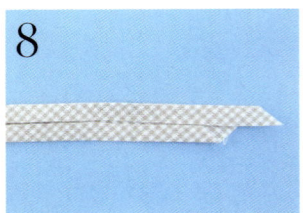

바이어스테이프의 완성된 모습

스티치하기

원단의 가장자리를 바이어스테이프로 감싼 뒤에 스티치를 해서 처리하는 방법이다.

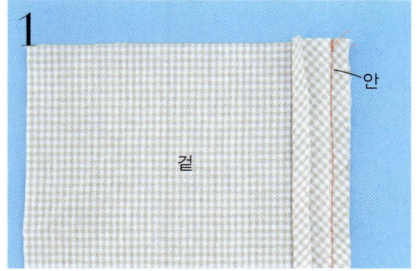
1 바이어스테이프의 한쪽 접단을 펼친다. 접음선과 본판감의 표시를 맞추어 재봉한다.

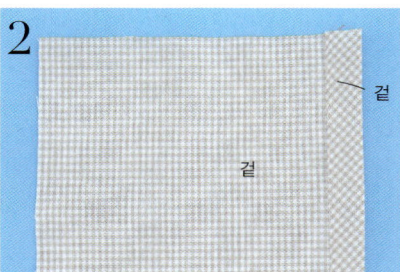
2 접음선을 따라 바이어스테이프를 접어 겹친다.

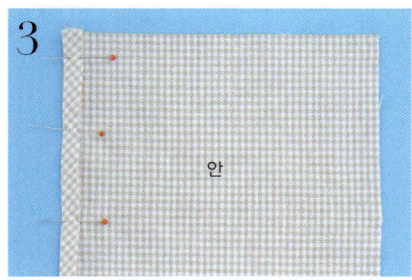
3 원단의 가장자리를 감싸듯이 해서 바이어스테이프를 안쪽으로 접어 겹친 다음 시침핀으로 고정한다.

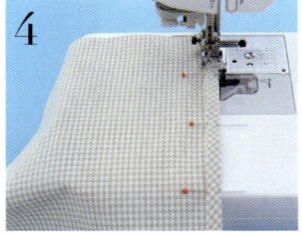
4 겉쪽에서 바이어스테이프의 가장자리에 스티치를 한다. 이때 안쪽에서 해도 된다. 시침핀만으로 불안하다면 시침질을 해서 고정한다.

5 겉, 안 모두 스티치가 되어 있는 모습

숨겨박기

겉에서 스티치가 눈에 띄지 않도록 할 때 사용한다.

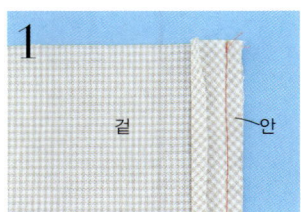
1 '스티치하기'의 ①, ②와 마찬가지로, 바이어스테이프와 본판감을 맞대어 재봉한 다음 접어 겹친다.

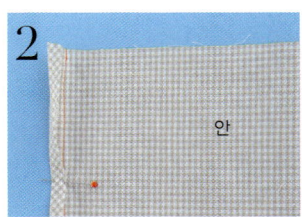
2 시접이 0.2cm 정도 숨겨지도록 겹친 다음 시침핀을 꽂는다.

3 겉쪽에서 바이어스테이프의 가장자리와 아주 가까운 위치에 스티치를 한다. 겉쪽에서는 스티치가 거의 눈에 띄지 않고, 안쪽에서는 스티치가 잘 보인다.

볼록한 곡선 처리하기

바이어스테이프로 볼록한 곡선을 처리하는 방법을 소개한다.

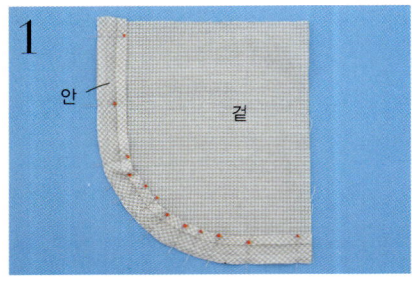

바이어스테이프가 늘어나지 않게 해서 본판감의 표시와 바이어스테이프의 접음선을 맞추어 시침핀을 꽂는다. 곡선 부분은 촘촘하게 시침핀을 꽂는다.

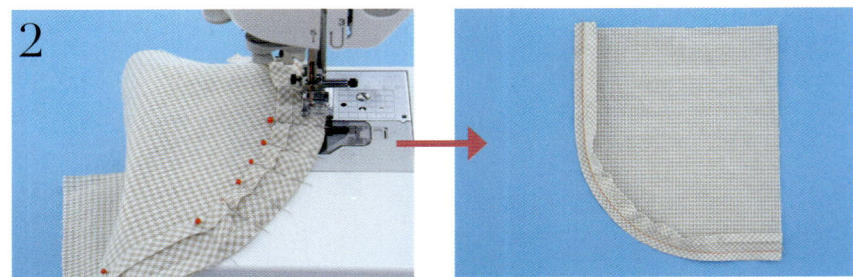

원단이 늘어나지 않게 해서 바이어스테이프의 접음선에 재봉을 한다.

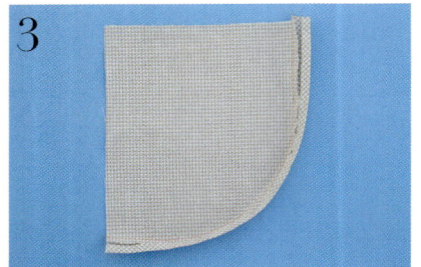

바이어스테이프를 안으로 뒤집는다.

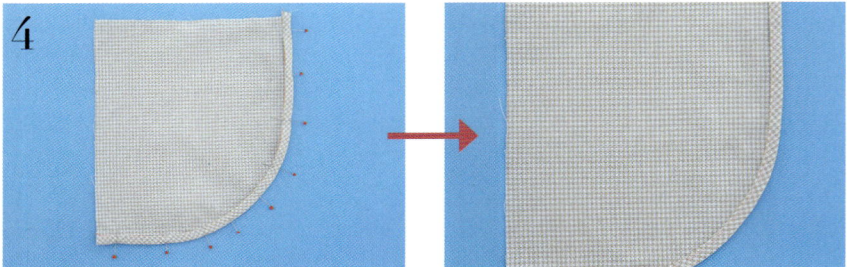

안으로 뒤집은 바이어스테이프로 원단의 가장자리를 감싼 다음 시침핀을 꽂고 시침질을 한다.

바이어스테이프의 가장자리에 재봉을 한다.

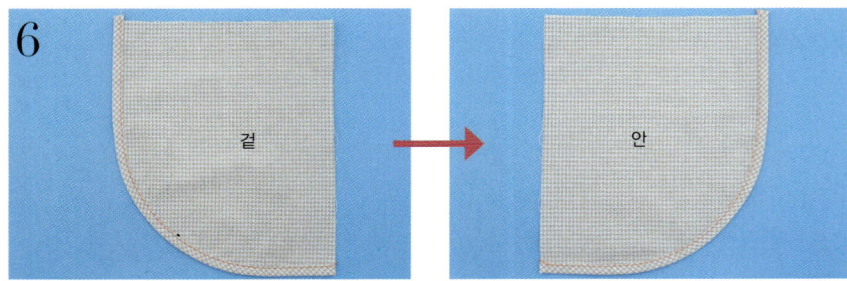

완성된 모습

오목한 곡선 처리하기

바이어스테이프로 오목한 곡선을 처리하는 방법을 소개한다.

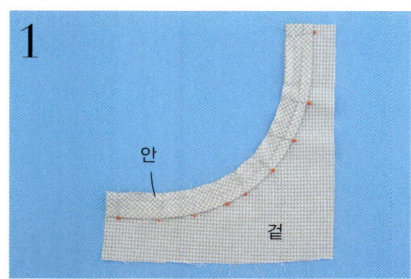

본판감은 늘어나지 않게, 바이어스테이프는 약간 늘어나게 해서 본판감의 표시와 바이어스테이프의 접음선을 맞추어 시침핀을 꽂는다. 곡선 부분은 촘촘하게 시침핀을 꽂는다.

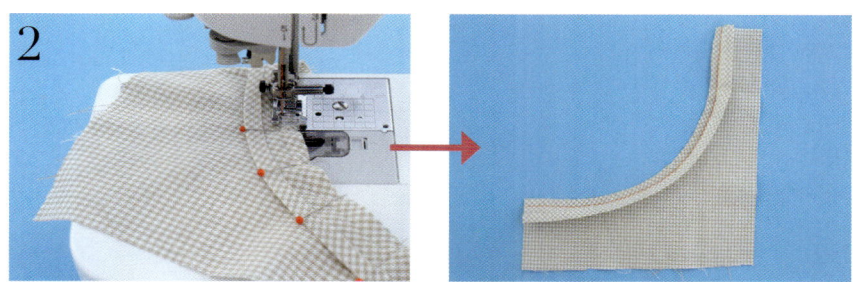

바이어스테이프의 접음선을 따라 재봉을 한다.

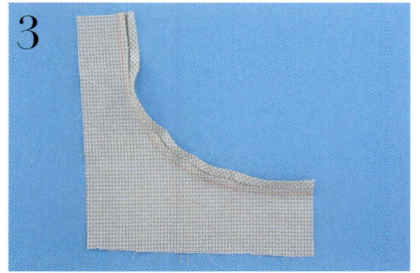

바이어스테이프를 안으로 뒤집는다.

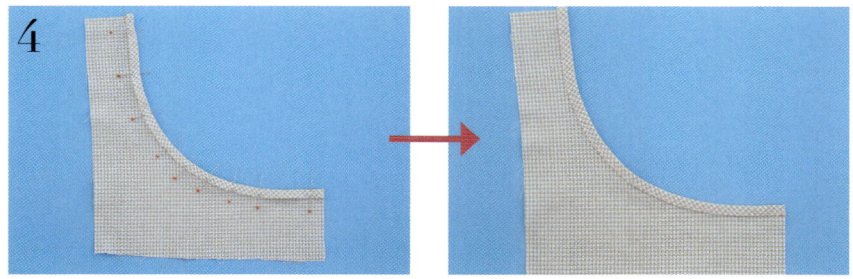

안으로 뒤집은 바이어스테이프로 원단 가장자리를 감싼 다음 시침핀을 꽂고 시침질을 한다.

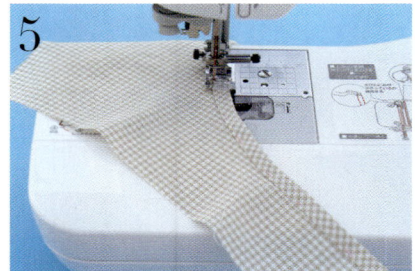

바이어스테이프의 가장자리에 재봉을 한다.

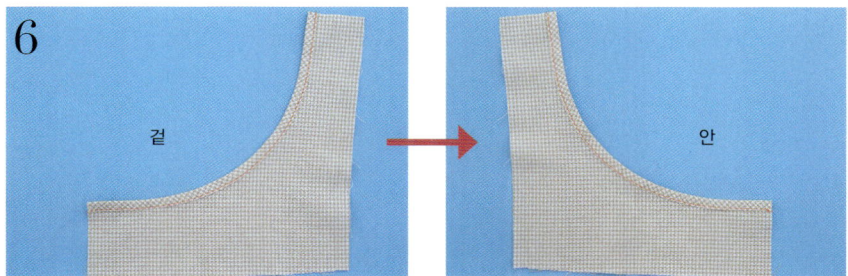

완성된 모습

다림질에 대해서

재봉을 마칠 때마다 꼼꼼하게 다림질을 하도록 한다. 바늘땀이나 시접을 안정시켜주기 때문에 훨씬 더 깔끔하게 마무리할 수 있다.

다리미
버튼 하나로 스팀과 드라이를 선택할 수 있는 것이 좋다. 다리미를 켜둔 채로 두어도 안전장치가 작동되어 안심하고 사용할 수 있는 다리미를 선택하도록 한다.

천
울이나 폴리에스테르 소재에 다림질을 하면 옷감의 겉면이 반질거리게 되는 경우가 있다. 이것을 방지하려면 평직으로 된 무명천이나 손수건 등을 옷감 위에 올려놓고 다림질하는 것이 좋다.

다리미판
공간을 많이 차지하지 않고 필요한 장소에서 다림질을 할 수 있는, 다리가 없는 직사각형 다리미판을 사용하는 것이 좋다.

다리미 때 제거제
다리미를 오래 사용하다 보면 눌어붙은 다리미 때나 접착심의 풀 찌꺼기 등으로 인해 다리미가 잘 미끄러지지 않게 된다. 이때 다리미 때 제거제를 사용해서 정기적으로 관리한다.

분무기
물이 곱고 균일하게 분사되는 것을 선택한다. 스팀다리미를 사용해도 없어지지 않는 주름 등은 분무기로 물을 분사한 뒤에 다리면 쉽게 없어진다.

임시 다리미판 만들기

주변에 있는 물건을 사용해서 손쉽게 임시로 다리미판을 만들 수 있다. 오래돼서 사용하지 않는 담요와 티셔츠를 사용한다.

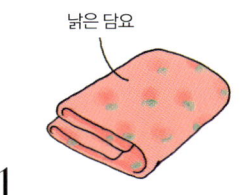

낡은 담요

1 낡은 담요를 접는다. 담요가 너무 큰 경우에는 적당한 크기로 재단하고 나서 접는다.

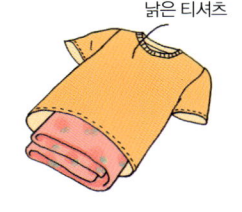

낡은 티셔츠

2 접은 담요를 낡은 티셔츠 속에 넣는다.

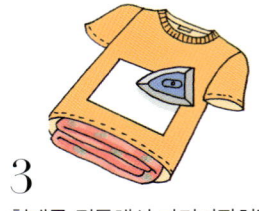

3 형태를 정돈해서 다리미판처럼 사용한다.

다림질하기

테스트 다림질하기

원단에 적합한 다리미 온도가 있으므로, 다리미에 표기되어 있는 온도로 설정한 다음 실제 사용할 원단의 여분을 조금 잘라서 테스트 다림질을 한다.

재봉한 바늘땀 안정시키기

재봉한 후에는 원단이 실에 의해 약간 울기 때문에 다림질을 해서 안정시킨다.

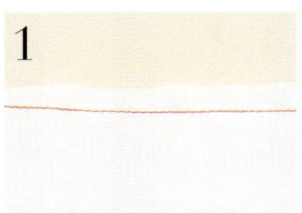

재봉한 상태에서는 원단이 약간 울어 있다.

바늘땀 위를 약간 잡아당기는 느낌으로 해서 다림질을 한다.

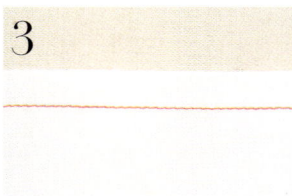

바늘땀이 안정되어 깔끔해진다.

시접 가르기

바늘땀이 평평하게 되도록 시접을 좌우로 가르는데, 이것을 '시접 가르기'라고 한다. 재봉한 바늘땀을 안정시키고 나서 시접을 가른다.

검지와 중지로 시접을 누르면서 바늘땀을 좌우로 가른다.

시접을 깔끔하게 가른 모습

시접 한쪽으로 넘기기

시접을 어느 한쪽으로 넘기는 방법이다. 스티치로 누를 때 등에 사용한다. 갑자기 넘기지 말고 미리 시접을 갈라두면 깔끔하게 넘길 수 있다.

다림질을 해서 시접을 가른다.

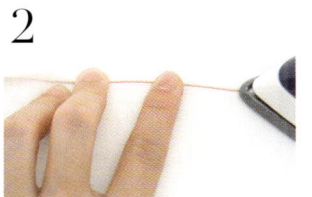

손가락으로 누르면서 바늘땀을 따라 시접을 한쪽으로 넘긴다.

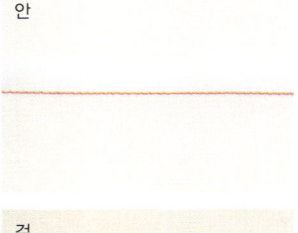

미리 시접을 확실하게 갈라두었기 때문에 겉에서 보기에도 깔끔하게 완성된다.

작은 곡선의 경우

아웃포켓(상의의 바깥에 만들어서 붙인 주머니) 등의 작은 곡선은 다리미로 정돈한 뒤에 바느질해서 달아준다.

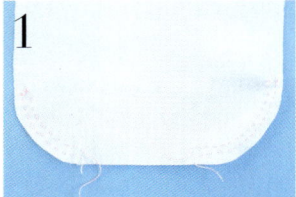

1. 곡선의 시접을 시침실 1가닥으로 홈질한다.

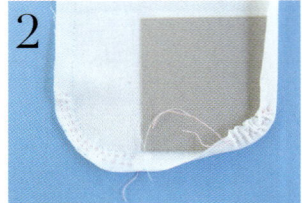

2. 두꺼운 종이로 원하는 곡선 모양을 만든다. 곡선 부분에 두꺼운 종이를 맞춰 놓은 다음 홈질한 실을 잡아당겨서 원하는 곡선을 만든다.

3. 다리미의 끝 부분을 사용해서 주름을 누른 다음 곡선을 정돈한다.

4. 두꺼운 종이를 빼낸다. 깔끔한 곡선이 생긴 모습

5.

원통형 시접의 경우

소매나 바지 등의 원통형 시접을 가르는 방법이다. 골선으로 되어 있는 부분이 찌그러지지 않게 한다.

1. 바늘땀을 안정시킨다.

2. 바늘땀을 가운데로 이동시킨 다음 다리미의 끝 부분을 사용해서 골선 부분이 찌그러지지 않도록 해서 시접을 가른다.

3. 완성된 모습

소매 다리미판 끼워 넣기

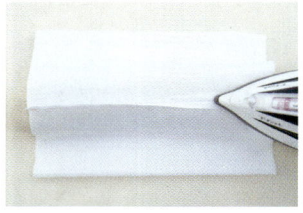

소매 다리미판이 있다면 원단 안에 끼워 넣고 다림질을 한다.

소매 다리미판

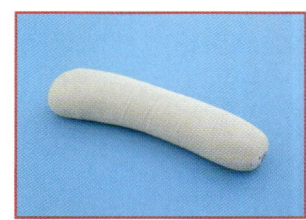

소매 모양의 다리미판

곡선 박아서 뒤집기

곡선을 박아서 깔끔하게 뒤집는 방법이다.

오목한 곡선의 경우

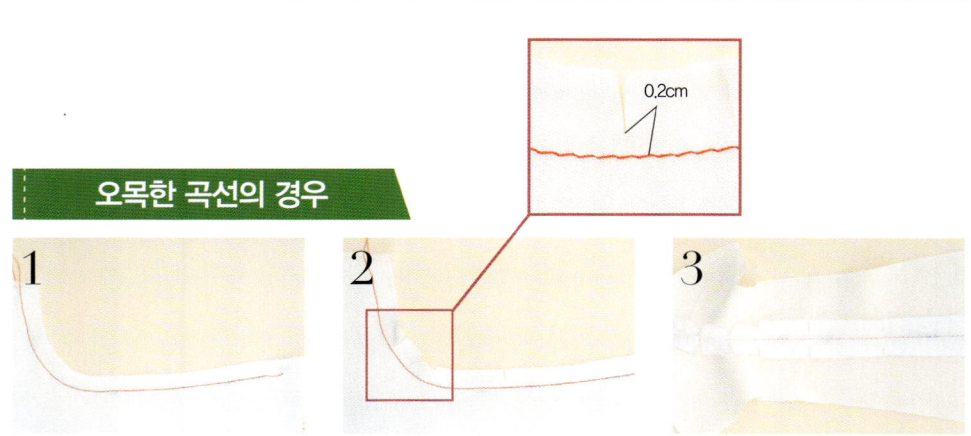

1. 곡선을 재봉한다.
2. 바늘땀에서 0.2cm 정도 떨어진 위치까지 시접에 가위집을 넣는다.
3. 다리미의 끝 부분으로 조금씩 시접을 가른다.
4. 겉으로 뒤집은 다음 다림질을 해서 형태를 정돈한다.

볼록한 곡선의 경우

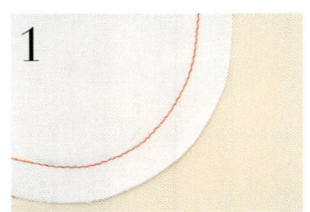
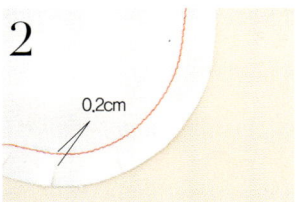

1. 곡선을 재봉한다.
2. 바늘땀에서 0.2cm 정도 떨어진 위치까지 시접에 가위집을 넣는다.
3. 다리미의 끝 부분으로 조금씩 시접을 가른다.
4. 겉으로 뒤집은 다음 다림질을 해서 형태를 정돈한다.

모서리 박아서 뒤집기

머신바늘을 원단에 꽂은 채로 방향을 바꿔서 박은 다음,
모서리의 시접을 재봉선을 따라 접어서 다리미로 누르는 것이 깔끔하게 완성하는 포인트이다.

모서리 박는 방법

1
모서리까지 재봉한 다음 모서리에서 바늘을 꽂은 채로(바늘을 올리지 않고 내린 상태) 노루발을 올린다.

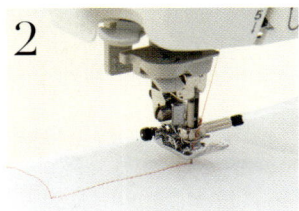
2
원단을 재봉해 나갈 방향으로 돌린다.

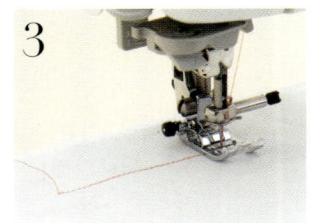
3
노루발을 내리고 다시 재봉해 나간다.

볼록한 모서리 박아서 뒤집기

1
모서리를 재봉한다.

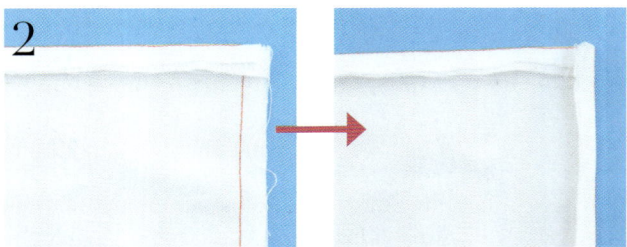
2
재봉선을 따라 시접을 접고 다리미로 누른다. 다른 쪽 변도 똑같이 접는다. 시접이 두꺼울 경우에는 시접을 비스듬히 자른 뒤에 접는다.

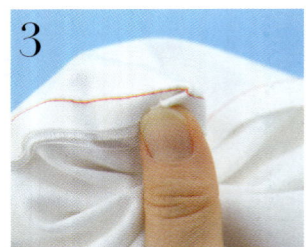
3
모서리가 겹쳐져 있는 시접을 손가락으로 누르고 밀어내듯이 겉으로 뒤집는다.

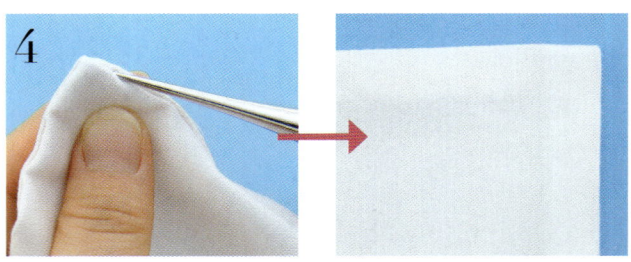
4
모서리가 깔끔하게 나오지 않은 경우에는 송곳을 사용해서 모서리를 꺼낸다. 다림질을 해서 모서리를 정돈한다.

오목한 모서리 박아서 뒤집기

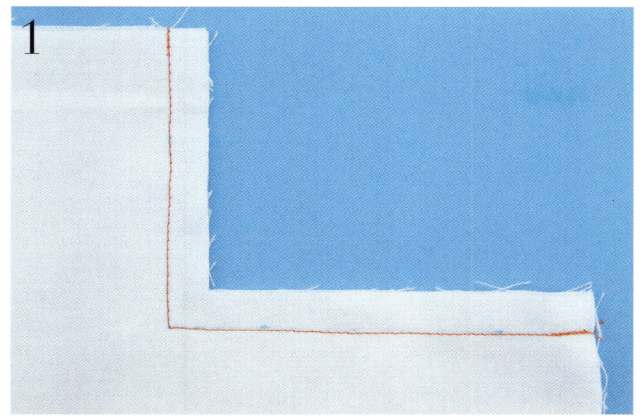

모서리를 재봉한다.

재봉한 실을 자르지 않도록 주의하면서 모서리 근처까지 가위집을 넣는다.

재봉선을 따라 시접을 접은 다음 다리미로 누른다. 다른 쪽 변도 똑같이 접는다.

겉으로 뒤집은 다음 다림질을 해서 모서리를 정돈한다.

둥근 부분 박아서 뒤집기

둥근 부분과 직선을 박아서 뒤집는 방법을 소개한다. 주름이 잡히지 않도록 맞춤점끼리 맞대어 박은 다음 다리미의 끝 부분을 사용해서 시접을 정돈한다.

1. 원단에 맞춤점 등을 표시한다.

2. 직선의 원단을 원통형으로 박은 다음 다리미로 시접을 가른다.

3. 동그란 원단과 원통형 원단의 표시를 맞추어 시침핀을 꽂는다. 먼저 맞춤점을 맞춘 뒤에 주름이 잡히지 않도록 사이사이에 균등하게 시침핀을 꽂는다.

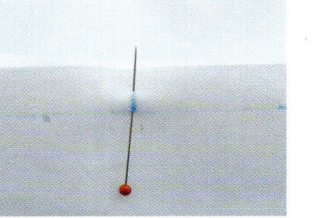
4. 원통형 원단이 위로 가게 해서 재봉한다.

5. 시접을 가른다.

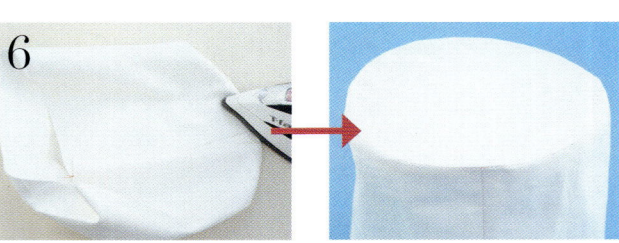
6. 겉으로 뒤집은 다음 다리미의 끝 부분을 사용해서 조금씩 시접을 정돈한다.

PART 2
옷 수선하기

돈을 내면 얼마든지 세탁소나 수선 전문점에서 옷을 수선할 수 있지만,
약간만 수선하면 되거나 당장 수선이 필요한 경우에 대처하는 방법을 소개합니다.
특출난 재봉 기술이 없더라도 간단하게 수선할 수 있는 것들로만 예를 들었습니다.
일상생활에서 직접 활용해보세요.

허리 고무줄이 늘어났어요

오랫동안 입으면 세탁뿐만 아니라 여러 가지 요인으로 인해 늘어나버리고 마는 허리 고무줄. "새것으로 바꾸고 싶어도 고무줄을 어디로 빼내야 하는지 모르겠어요. 더구나 고무줄 끼우개 같은 것도 없고요." 이렇게 말하는 분들도 분명히 있을 것이다. 그런 분들을 위해 고무줄을 쉽게 바꿔 끼울 수 있는 방법을 소개한다.

소요 시간 10~20분

옷핀을 사용해서 새 고무줄로 바꾸는 방법

1 사진처럼 쪽가위의 끝 부분을 사용해서 옆선의 바늘땀을 잘라서 구멍을 낸다.

2 구멍을 통해 낡은 고무줄을 끌어낸다.

3 고무줄을 자른다.

4 새 고무줄과 늘어나버린 낡은 고무줄을 옷핀으로 연결한다.

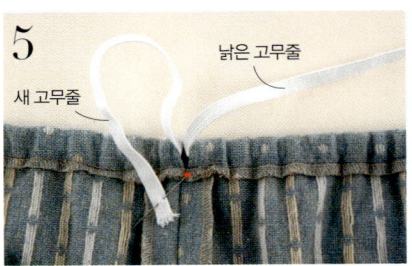

5 반대쪽의 낡은 고무줄을 잡아당긴다. 이때 새 고무줄의 끝 부분이 안으로 끌려들어가지 않도록 시침핀으로 원단에 고정해둔다.

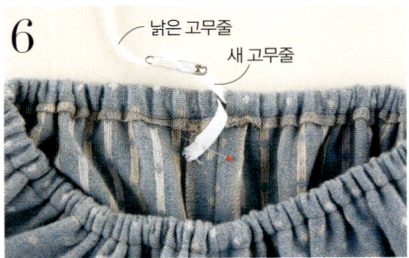

6 낡은 고무줄이 구멍 밖으로 완전히 나올 때까지 잡아당긴다.

7 옷핀과 낡은 고무줄을 빼낸 다음 새 고무줄의 양 끝을 겹쳐놓고 촘촘하게 꿰맨다. 고무줄끼리 묶으면 울퉁불퉁해지거나 고무줄이 풀어질 수 있으니 피한다.

8 ①에서 생긴 구멍을 촘촘하게 휘감친다.

9 완성된 모습

※ 여기서는 눈에 띄는 실을 사용했으나, 실제로 바느질할 때는 원단과 똑같은 색상이나 비슷한 색상의 실을 사용한다.

ONE POINT ADVICE

고무줄의 길이는 허리의 경우에는 '허리 치수−10%'이지만 몸에 딱 맞는 것이 좋게 느껴질 수도 있으니 고무줄을 미리 자르지 않도록 한다. 원래의 긴 상태에서 끼운 다음 옷을 입어본 뒤에 '알맞은 치수 +1cm(시접분)'로 자르는 것이 좋다.

고무줄의 종류

납작 고무줄의 폭은 '골'이라는 단위로 나타내며, 숫자가 작을수록 가늘고 신축성이 크다. 6골은 폭이 6mm 정도이다. 사용할 용도에 따라 고무줄의 굵기를 바꾼다.

고무줄을 바꿀 때 편리한 도구

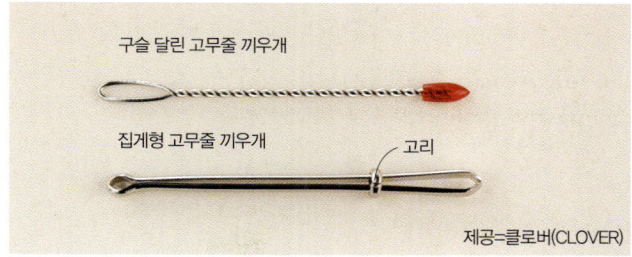

집게형 고무줄 끼우개 사용법

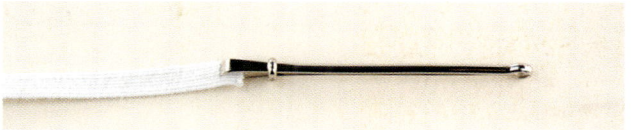

고리를 느슨하게 한 다음 고무줄을 집게 사이에 끼우고 고리를 꽉 조인다.

구슬 달린 고무줄 끼우개 사용법

1 고무줄의 가장자리를 약간 접은 다음 폭의 중심에 가위집을 넣는다.

2 가위집에 구슬 부분을 끼우고 반대쪽 구멍에 고무줄을 끼운다.

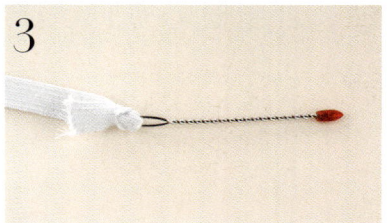

3 그대로 고무줄 끼우개를 잡아당겨서 고정한다.

4 **폭 넓은 타입**
폭이 넓은 고무줄이나 끈을 끼울 때 사용한다.

아이 옷이나 물건에 이름표를 달아주고 싶어요

아이가 유치원이나 학교에 다닐 시기가 되면 아이의 옷이나 물건에 아이 이름을 써두는 것이 좋다.
직접 펜으로 써줄 수도 있지만 지워질 수도 있으니 이름표를 달아주자.
멋진 방수 네임스티커도 시중에 판매되고 있으니 한 번 해보자.

소요 시간 5분 이상

바느질해서 다는 타입(네임 라벨)

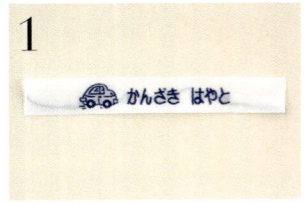

1. 네임 라벨을 준비한다.

2. 네임 라벨의 양끝을 안쪽으로 접는다.

3. 접은 부분을 옷에 감춰서 단다. 세탁을 자주 해야 하는 물건에는 사방을 모두 바느질한다.

접착 타입(의류 부착용 다림스티커)

1. 의류 부착용 다림스티커를 준비한다.

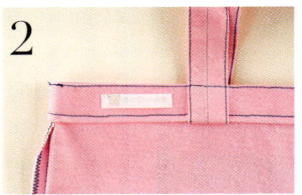

2. 접착면이 아래로 가게 해서 붙이고자 하는 부분에 올려놓는다.

3. 다림질을 한다.

4. 다리미의 열이 식고 나면 시트를 떼어낸다.

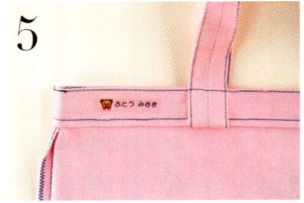

5. 완성된 모습

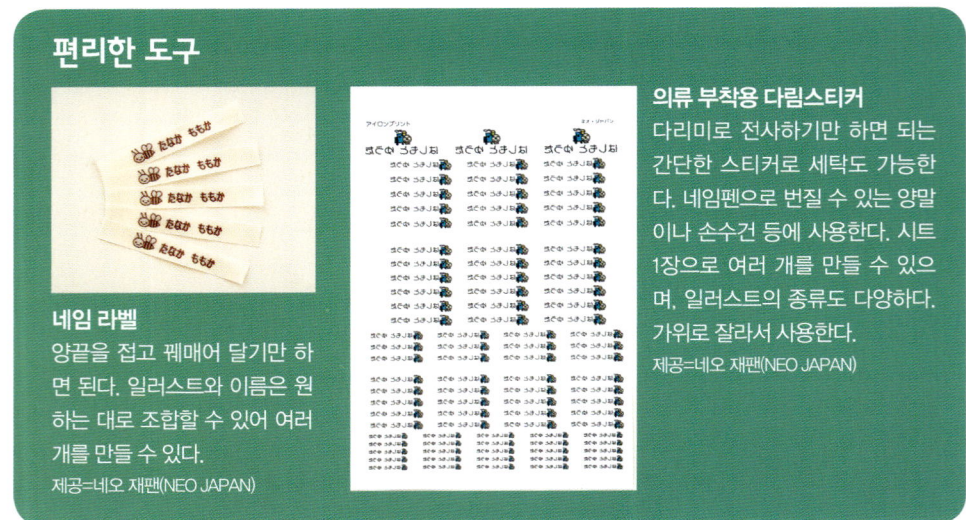

편리한 도구

네임 라벨
양끝을 접고 꿰매어 달기만 하면 된다. 일러스트와 이름은 원하는 대로 조합할 수 있어 여러 개를 만들 수 있다.
제공=네오 재팬(NEO JAPAN)

의류 부착용 다림스티커
다리미로 전사하기만 하면 되는 간단한 스티커로 세탁도 가능하다. 네임펜으로 번질 수 있는 양말이나 손수건 등에 사용한다. 시트 1장으로 여러 개를 만들 수 있으며, 일러스트의 종류도 다양하다. 가위로 잘라서 사용한다.
제공=네오 재팬(NEO JAPAN)

ONE POINT ADVICE

최근에 아동을 노린 범죄가 늘어나고 있다. 학교 밖에서도 사용하는 물건이나 입고 다니는 옷에는 아이의 이름이 쉽게 노출되지 않도록 겉에서 보이지 않는 위치에 이름표를 달아주자. 유아의 경우에는 글자를 잘 모르기 때문에 이름 옆에 마스코트를 넣는 것도 좋다. 모든 물건에 똑같은 마스코트가 들어간 방수 네임스티커를 달면 자신의 물건을 쉽게 찾을 수 있다.

작품을 한층 더 돋보이게 만들어주는
나만의 네임 라벨

 핸드메이드 작품에도
 파우치에도
 인형에도
 작은 소품에도

핸드메이드 작품을 더욱 돋보이게 만들어줄 수 있도록 네임 라벨을 달아보자. 나만의 브랜드명이나 이름이 들어간 네임 라벨을 만들어 달면 세상에 하나뿐인 멋진 작품을 완성할 수 있다.

NEO JAPAN
www.neo-japan.jp

천 이외의 소재에 사용하세요

방수 네임스티커

떼어내서 붙이기만 하면 되는 스티커이다. 물로 씻어도 글자가 지워지지 않는 내구성 스티커로, 도시락이나 문구에 붙여서 사용할 수 있다. 시트 한 장 당 대형, 소형 스티커가 여러 개 들어 있다. 글자색은 검은색, 빨간색, 파란색, 초록색 등 다양하다.

제공=네오 재팬(NEO JAPAN)

스티커는 사이즈가 다양하여 큰 물건뿐만 아니라 작은 물건까지 크기별로 붙일 수 있어 편리하다.

스커트가 너무 길어요

유행에 맞춰 스커트 길이를 짧게 하고 싶거나, 옷장에서 잠자고 있지만 조금만 더 짧으면 밸런스가 맞아서 입을 수 있을 거 같은 스커트를 부활시키자.

소요 시간 30~60분

폭이 별로 넓지 않은 스커트의 길이를 짧게 할 경우

Before / After

1 스커트를 뒤집은 다음 원하는 스커트 길이의 라인을 정한다.

2 ①에서 정한 라인에서 아래쪽으로 접을 분량인 5cm의 선을 그린다.

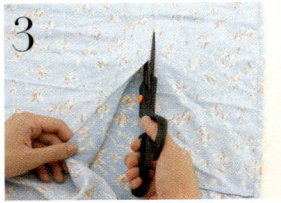

3 ②에서 그린 선을 따라 재단 가위로 재단한다.

4 재단한 가장자리를 지그재그 재봉으로 처리한다.

5 ①에서 정한 완성선을 따라 다림질해서 접는다.

접는다.

6 시침질을 한다.

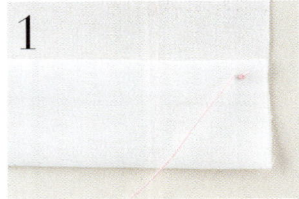

7 속감치기(16페이지 참조)로 밑단 전체를 감친다.

시침질 방법

재봉이나 감치기를 하기 전에 실로 원단을 고정해두는 것을 '시침질'이라고 한다. 시침질은 완성선 표시보다 시접 쪽으로 하는 것이 포인트이다.

1 한 땀 꿰맨다.

2 2~3cm 앞에서 한 땀 꿰맨다.

3 시접에 평행하게 꿰매 나간다.

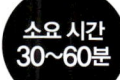

폭넓은 플레어스커트의 길이를 짧게 할 경우

Before

After

1. 스커트를 뒤집은 다음 원하는 스커트 길이의 라인을 정한다. 그 다음 접을 분량인 3cm의 선을 그린다.

2. 여분의 스커트를 자른다.

3. 재단한 가장자리를 지그재그 재봉으로 박아서 처리한다.

4. ③에서 지그재그 재봉한 바늘땀의 옆에 땀폭을 크게 해서 한 바퀴 빙 둘러 재봉한다.

5. 재봉한 실 끝을 길게 남기고 자른다.

6. 큰 땀폭으로 재봉한 바늘땀의 윗실이나 밑실 중 1가닥을 잡아당긴다.

7. 원하는 스커트 길이로 접었을 때 접은 쪽이 더 길기 때문에 옷감이 뜨지 않도록 실을 잡아당긴다.

8. 다림질을 해서 접은 부분을 안정시킨다.

9. 시침질을 한다.

10. 속감치기(16페이지 참조)로 촘촘하게 감친다.

※ 여기서는 눈에 띄는 실을 사용했으나, 실제로 바느질할 때는 원단과 똑같은 색상이나 비슷한 색상의 실을 사용한다.

새로 산 바지가 너무 길어요

밑단을 줄일 때는 꼭 수선집에 맡겨야 할까? 하지만 조금만 노력하면 누구나 직접 할 수 있다.
우선 집에서 편하게 입는 바지부터 도전해보자.

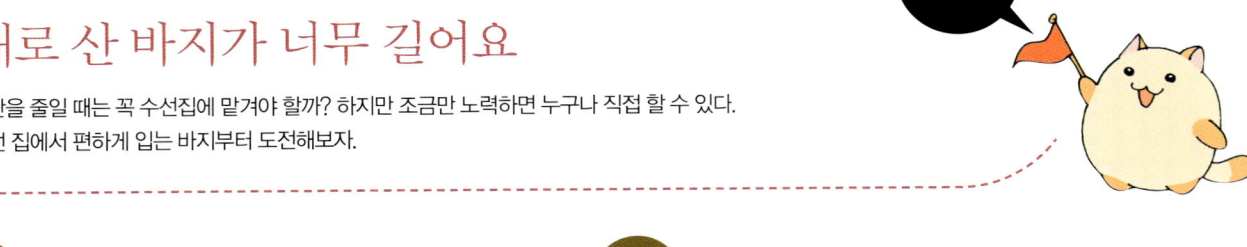

Before

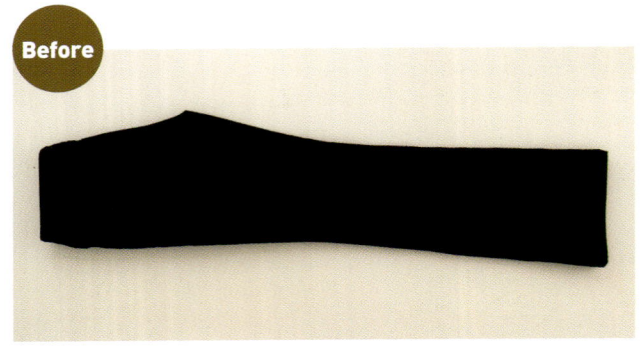

After

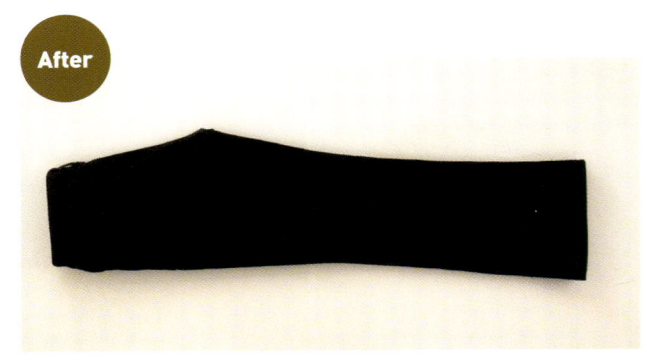

재봉틀을 사용해서 밑단을 줄일 경우(청바지나 면바지)

1. 원하는 길이에 표시를 하고, 다시 3cm 아래에 표시를 한다.

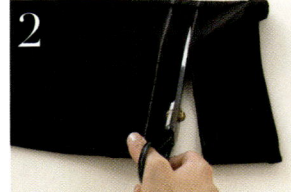

2. 표시를 따라 가위로 자른다.

3. 다른 한쪽도 똑같은 길이로 자른다.

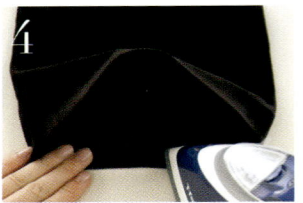

4. 밑단의 가장자리를 완성선을 따라 다리미로 접는다.

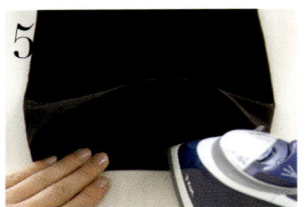

5. 다시 완성선으로 접는다(두 번 접기가 된다).

6. 시접이 어긋나지 않도록 시침핀으로 고정하거나 시침질을 한다.

7. 시접의 가장자리에서 0.2cm 들어간 위치를 재봉틀로 박는다.

8. 완성된 모습

※ 여기서는 눈에 띄는 실을 사용했으나, 실제로 바느질할 때는 원단과 똑같은 색상이나 비슷한 색상의 실을 사용한다.

소요 시간
5~10분

Before

After

밑단 테이프를 사용해서 밑단을 줄일 경우

1 바지는 뒤집어서 밑단을 원하는 위치에서 접는다.

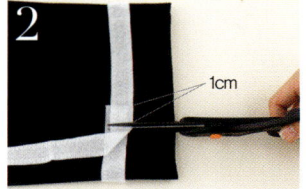

2 밑단 테이프를 한 바퀴 빙 둘러 길이를 정한 다음 자른다.

3 접은 부분의 가장자리 위치가 밑단 테이프의 한가운데로 오게 해서 다리미로 붙인다.

4 완성된 모습

5 겉에서 보기에도 깔끔하게 완성된다.

※ 여기서는 눈에 띄게 하기 위해서 흰색 밑단 테이프를 사용했지만, 실제로 바느질할 때는 비슷한 색상의 밑단 테이프를 사용한다.

밑단 테이프

밑단 테이프는 다양한 색상과 종류가 있기 때문에 원단에 적합한 색상과 폭을 선택할 수 있다. 스커트의 밑단이 뜯어졌을 때도 임시로 처리할 수 있어 편리하다.

제공=가와구치(KAWAGUCHI)

바늘땀이 터졌어요

모르는 사이에 터져버린 옆선처럼 실이 끊어져서 올이 풀려버린 경우라면 수선할 수 있다.
바느질되어 있는 부분의 옷감이 찢어진 경우에는 리폼을 고려해보자.

소요 시간
5~10분

Before

After

니트 소재 의류의 옆선이 터졌을 경우

니트 소재 의류는 바늘코와 가장자리의 휘감치기가 동시에 재봉되어 있다. 한 군데만 올이 풀려도 금세 풀려나가기 시작해서 넓은 면적이 풀리게 된다. 올이 많이 풀리지 않았을 때 빨리 수선하도록 하자.

1
옷을 뒤집는다.

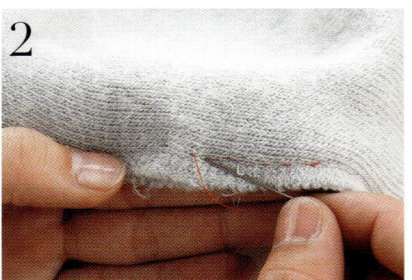
2
올이 풀린 부분에서 1cm 정도 앞쪽에서부터 이전 바늘땀에 겹치도록 반박음질로 꿰맨다.

3
옆선이 꿰매진 모습

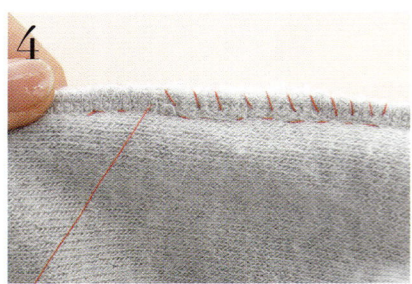
4
시접을 한꺼번에 휘감친다.

※ 여기서는 눈에 띄는 실을 사용했으나, 실제로 바느질할 때는 원단과 똑같은 색상이나 비슷한 색상의 실을 사용한다.

바지의 엉덩이 부분이 터졌을 경우

힘을 받는 위치라서 아이들뿐만 아니라 어른들 바지에서도 잘 터지는 부분이다. 튼튼하게 완성해보자.

소요 시간 15분 이상

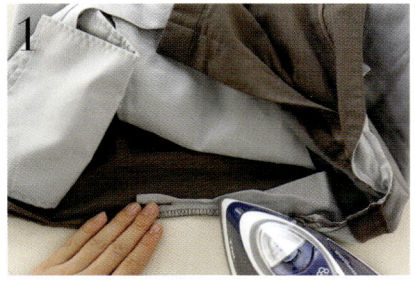

시접이 갈라져 있다면 다림질을 해서 평평하게 한다.

2장을 겹친 다음 터져버린 원래 바늘땀의 자국을 따라 재봉틀로 박는다. 이때 터진 바늘땀 위아래로 1cm 정도 겹치도록 해서 재봉한다.

재봉한 모습. 한 줄로만 재봉하면 약할 수 있기 때문에 같은 부분을 한 번 더 재봉한다.

와이셔츠의 소매나 요크 부분의 올이 풀렸을 경우

와이셔츠의 소매나 요크 등 재봉한 뒤에 스티치가 되어 있는 부분의 올이 풀렸다면 바늘땀이 보이지 않을 경우가 많으므로 촘촘하게 감쳐서 수선한다.

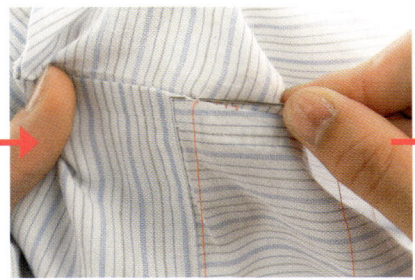

밥을 먹으면 배가 나와서 옷이 불편해져요

훅 부분을 3단계로 조절할 수 있는 편리한 훅이 있다. 그렇지만 그 훅도 낼 수 있는 치수는 최대가 3cm이다.
그 이상 치수를 늘려야 하는 경우에는 수선집에 맡기는 것이 좋다.

소요 시간 30~40분

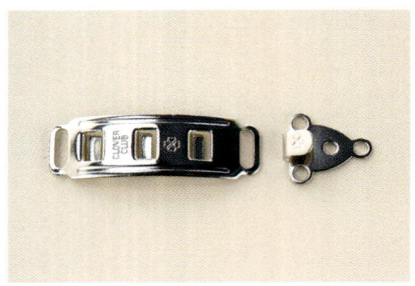

사이즈를 3단계로 조절할 수 있는 훅
제공=클로버(CLOVER)

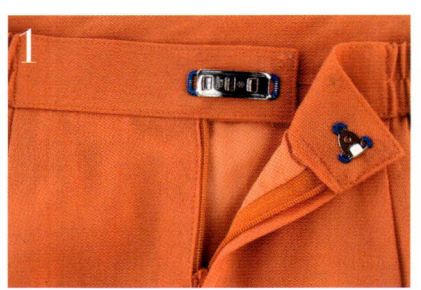

1. 안자락(겹쳤을 때 아래가 되는 쪽)에 조절 가능한 훅을 단다(다는 방법은 22페이지 참조).

2. 왼쪽 끝에 있는 구멍에 건 모습

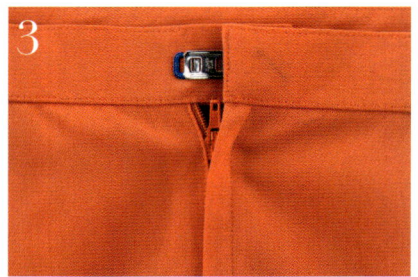

3. 오른쪽 끝에 있는 구멍에 건 모습

편리한 도구 소개

늘어나는 훅
걸리는 쪽에 스프링이 달려 있어서 굵기에 따라 늘어나기도 하고 줄어들기도 한다. 이 경우에는 겉섶(겹쳤을 때 위가 되는 쪽)에 걸리는 쪽을 단다. 일반적인 훅과는 다는 방법이 반대이다.

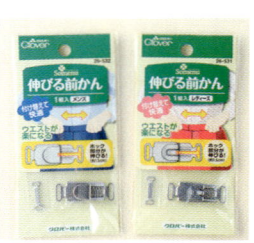 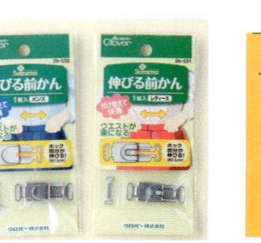

제공=클로버
(CLOVER)

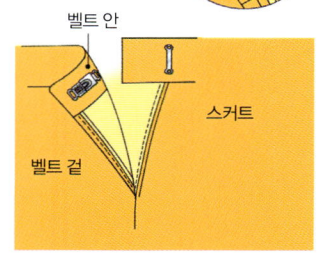

벨트 안
스커트
벨트 겉

허리가 헐렁할 경우

훅의 경우에는 아이(22페이지 참조)를 현재 달려 있는 위치보다 좁아지는 위치에 다시 단다. 단추의 경우에도 마찬가지이다. 그러나 지퍼를 닫는 부분에서 폭 3cm 이내로 한다.

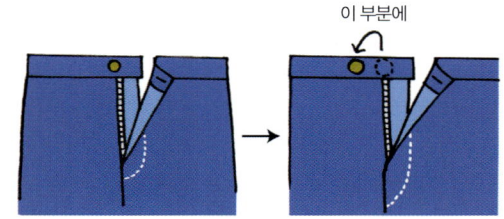

이 부분에

단추가 자꾸 풀려요

니트 소재 의류에서 흔히 볼 수 있는 현상이다. 단추를 채우고 풀기를 반복하다 보면 원단이 늘어나기 때문이다. 그렇지만 조금만 손보면 쉽게 고칠 수 있다.

소요 시간 5분 이상

Before

After

1 구멍이 커진 부분

2 단춧구멍의 아래쪽에서 실을 걸친다.

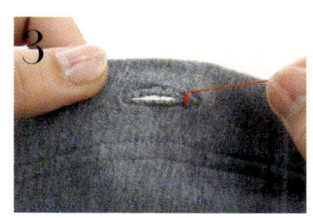

3 한 번 걸친 다음 바로 옆에서 실을 걸친다. 2~3번 반복한다.

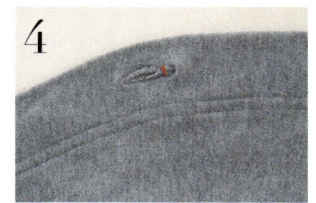

4 단춧구멍이 작아진 모습

단춧구멍 크기 정하는 방법

단춧구멍의 길이는 단추의 모양과 크기에 따라 달라진다. 기본은 '단추의 지름+단추의 두께'로, 변형된 단추의 경우에는 가장 긴 부분의 길이를 지름으로 계산한다.

가로 단춧구멍의 경우
단춧구멍은 단추 다는 위치를 연결한 선상에 직각으로 만든다. 단추를 달았을 때의 실기둥만큼만 중심에서 가장자리 쪽으로 이동하면 단추를 채웠을 때 중심으로 오게 된다.

세로 단춧구멍의 경우
마찬가지로 단춧구멍은 단추 다는 위치를 연결한 선상에 만든다. 단추를 달았을 때의 실기둥만큼만 단추 다는 위치보다 위쪽으로 이동하고, 맨 아래쪽 단춧구멍만 아래쪽으로 이동한다.

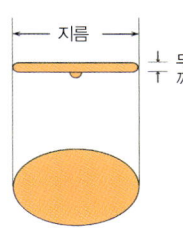

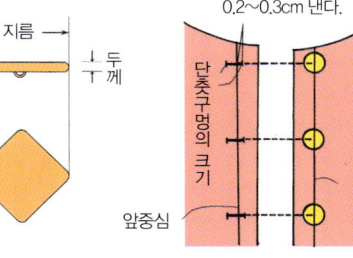

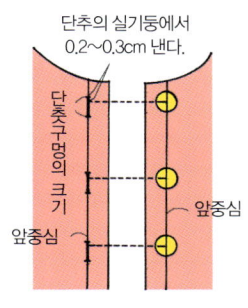

PART 2 옷 수선하기 · 57

스커트가 너무 타이트해서 걷기 불편해요

옆선이나 뒤중심의 바늘땀을 이용해서 슬릿을 만들면 한결 걷기 쉬워진다.

소요 시간 20분

Before

After

ONE POINT ADVICE

바늘땀을 뜰 때 쪽가위로는 뜯기 어려운 경우에 실뜯개를 사용하면 쉽게 뜯을 수 있다.

제공=클로버(CLOVER)

1. 뒤중심선의 바늘땀을 좌우로 10cm 정도 뜯는다.

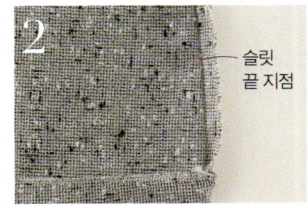

2. 슬릿을 넣으려는 위치에 표시를 한다.

3. 슬릿 끝 지점까지 실뜯개나 쪽가위로 뜯는다.

4. 가로 세로 1cm 정도의 크기로 자른 접착심을 슬릿 끝 지점 위치에 다리미로 붙인다.

5. 바늘땀을 뜯은 위치에서 2cm 정도 위쪽에서부터 슬릿 끝 지점까지 재봉틀로 박고 되돌아박기를 한다.

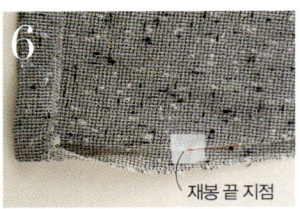

6. 재봉한 바늘땀에 다림질을 해서 땀을 안정시킨다.

7. 다리미를 사용해서 슬릿 형태로 접는다.

8. 슬릿의 트임에 시침질을 한다.

9. 속감치기(16페이지 참조)로 꿰매어 고정한다.

10. 바늘땀을 뜯은 밑단 부분을 재봉한다.

11. 슬릿의 가장자리가 떠버리기 때문에 촘촘하게 세로감치기를 해서 고정한다(16페이지 참조).

넥타이의 끝 부분이 닳아서 해졌어요

넥타이는 벨트의 버클에 닿아서 뾰족한 끝 부분이 닳아서 해지는 경우가 많다.
1cm 정도 짧게 해서 수선하면 닳아서 해진 부분도 감출 수 있고 넥타이를 맬 때도 지장이 없다.

소요 시간 20~30분

Before

After

1. 넥타이의 뾰족한 끝 부분 안쪽에 가로로 걸쳐져 있는 실을 뜬다.

2. 안감도 뜯어서 분리한다.

3. 넥타이의 심지를 원래 모양과 평행하게 1cm 정도 자른다.

4. 심지를 따라 다리미로 겉감을 접는다.

5. 안감이 남기 때문에 마찬가지 방법으로 1cm 정도 평행하게 자른다.

6. 안감은 겉감보다 0.1cm 줄여서 접혀 있는 겉감 위에 올려놓고 시침질을 한다.

7. 촘촘하게 세로감치기(16페이지 참조)를 한다.

8. 시침실을 제거한다.

9. 넥타이 안쪽의 겹쳐져 있는 부분을 성글게 감친다.

※ 여기서는 눈에 띄는 실을 사용했으나, 실제로 바느질할 때는 원단과 똑같은 색상이나 비슷한 색상의 실을 사용한다.

와이셔츠의 커프스가 닳아서 해졌어요

와이셔츠에서 가장 많이 때가 타거나 상하는 부분이 바로 커프스와 칼라이다.
와이셔츠의 소재는 계절과 상관없이 항상 같은 소재이니 반소매로 리폼해보자.

소요 시간 30~60분

Before

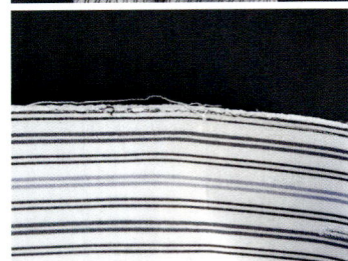

After

1. 가지고 있는 반소매 셔츠의 소매 길이를 재거나 입을 사람의 어깨에서 팔꿈치까지의 길이를 잰다.

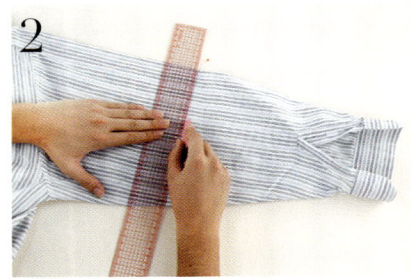
2. 소매산에서 소매 길이를 재어 표시한다. 이때 소매선과 직각이 되게 자를 댄다.

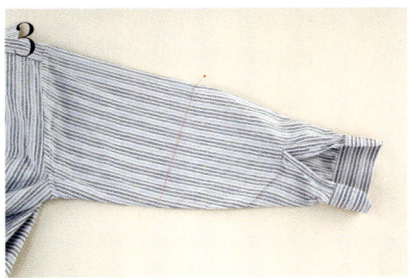
3. 완성선을 그린다.

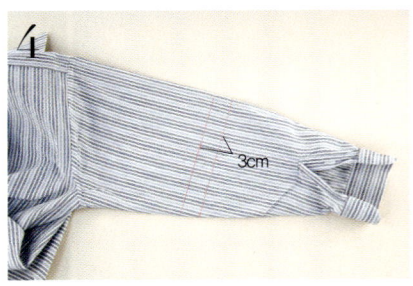
4. ③에서 그린 선에서부터 접단분을 3cm 잰 다음 평행하게 선을 그린다.

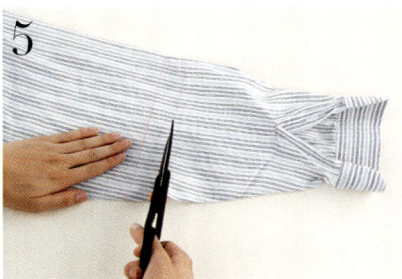
5. ④에서 그린 선을 따라 자른다.

6. 잘라낸 모습. 반대쪽 소매도 똑같은 치수로 자른다.

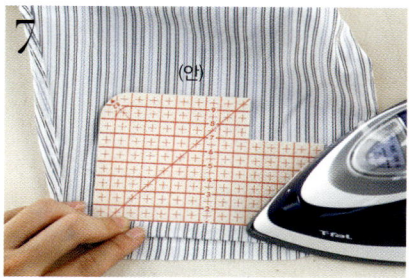
7. 소맷부리를 폭이 1cm가 되게 해서 안쪽 면으로 접는다.

8. 폭 1cm로 접은 모습

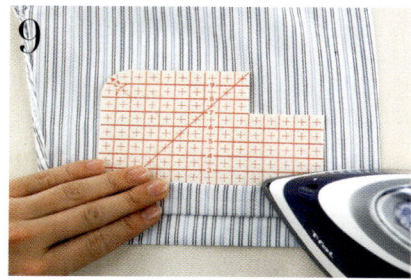
9. 이번에는 폭이 2cm가 되게 해서 접는다.

10. 모두 접어 올린 모습(두 번 접기)

11. 접단이 어긋나지 않도록 시침핀으로 고정한다.

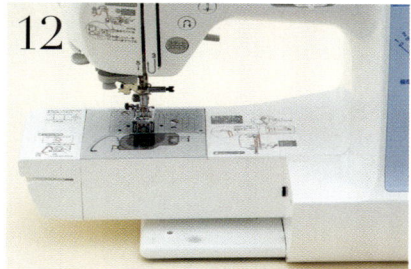
12. 재봉틀의 작업 테이블을 분리하고 프리암 작업대를 사용한다.

13. 접단의 가장자리에서 0.2cm 들어간 위치를 재봉틀로 박는다.

※ 여기서는 눈에 띄는 실을 사용했으나, 실제로 바느질할 때는 원단과 똑같은 색상이나 비슷한 색상의 실을 사용한다.

> ### ONE POINT ADVICE
>
> **아이론 시접자**
>
> 1cm 간격으로 눈금이 그려져 있는 자이다. 일반적으로 원단 사이에 끼워서 사용하며 원단에 표시가 없는 부분에서도 간단하게 치수를 알 수 있다. 다림질을 해도 되는 소재라 구부러지지 않기 때문에 원단을 반듯하게 접을 수 있어 좋다.
>
> 제공=클로버(CLOVER)
>
>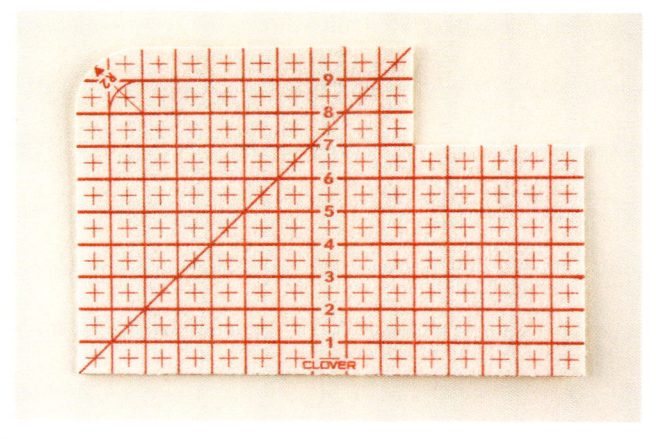

세탁했더니 바지 길이가 줄었어요

면바지, 특히 청바지는 세탁을 계속하면 길이가 줄어든다. 그런데 접단이 적은 경우라도 2cm 정도만 된다면 길이를 늘일 수 있다. 더 늘리고 싶지만 접단 분량이 적은 다른 부분의 경우에도 똑같이 사용할 수 있는 방법이다.

소요 시간 40~60분

※ 여기서는 눈에 띄게 하기 위해서 빨간색 바이어스테이프를 사용했으나, 실제로 바느질할 때는 비슷한 색상의 바이어스테이프를 사용한다.

Before

After

1. 밑단의 바늘땀을 뜯는다.

2. 접음선에 다림질을 해서 접힌 자국이 눈에 띄지 않게 한다.

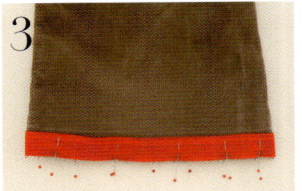
3. 바지의 겉과 바이어스테이프의 겉을 맞대어 시침핀으로 고정한다.

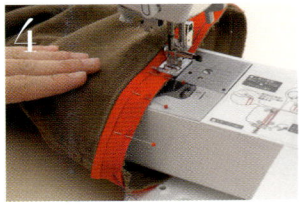
4. 폭 0.5cm로 한 바퀴 빙 둘러 재봉한다.

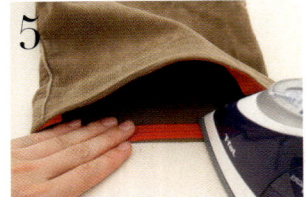
5. 바이어스테이프를 바지의 안쪽으로 접는다.

6. 바이어스테이프의 가장자리를 한 바퀴 빙 둘러 재봉한다.

바이어스테이프에 대해서

올 방향(92페이지 참조)에 대해 대각선으로 45도 방향을 '바이어스'라고 하며, 45도로 재단한 테이프 모양의 원단을 '바이어스테이프'라고 한다.

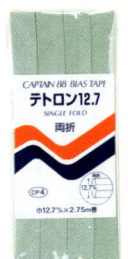

양쪽 시접이 접힌 타입
목둘레, 진동둘레, 밑단 등의 시접을 처리할 때 사용하는 테이프이다. 접단을 펼쳐서 꿰매어 단다. 곡선 부분에서는 가위집을 넣으면 깔끔하게 뒤집을 수 있다.

가장자리 장식용
시접 처리나 바이어스테이프의 색상을 살린 디자인 포인트로도 사용한다. 재단한 시접의 가장자리를 테이프로 감싸서 단다.

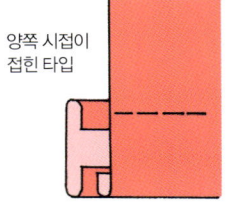
양쪽 시접이 접힌 타입

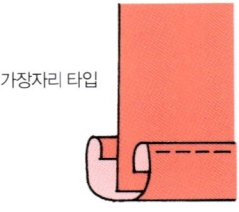
가장자리 타입

바지 밑단을 더블커트에서 싱글커트로 바꾸고 싶어요

정장의 경우라도 바지 밑단의 더블커트를 싱글커트로 바꾸기만 해도 느낌이 많이 달라진다.
싱글커트로 수선하면 닳아서 해진 밑단 부분이 깔끔해지는 효과도 있다.

소요 시간 30분 이상

Before

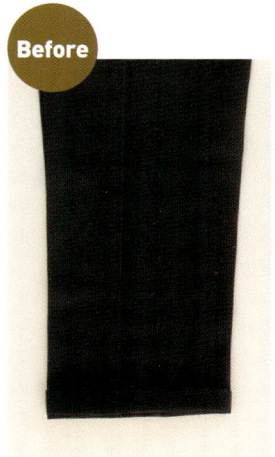

After

1. 밑단의 양 옆선을 고정하고 있는 실을 자른다.

2. 더블 부분을 펴면 먼지가 쌓여 있기 때문에 칫솔 등으로 먼지를 제거한다.

3. 안으로 뒤집어서 밑단의 바늘땀을 뜯는다. 그 다음 다리미로 평평하게 한다.

4. 완성선과 접단 5cm를 표시한다.

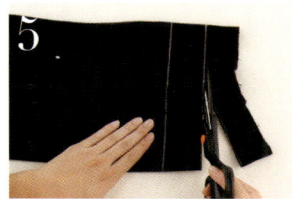

5. 나머지 부분을 잘라낸다.

6. 재단한 가장자리를 처리한다. 이 경우에는 지그재그 재봉으로 처리했다.

7. 완성선을 따라 접단을 접은 다음 시침질로 고정한다.

8. 속감치기(16페이지 참조)로 꿰맨다.

9. 시침실을 제거한다.

※ 여기서는 눈에 띄는 실을 사용했으나, 실제로 바느질할 때는 원단과 똑같은 색상이나 비슷한 색상의 실을 사용한다.

바지통을 줄이고 싶어요

바지의 옆선이나 바지 길이(인심)의 시접은 적기 때문에 1~2cm 늘리는 것은 가능하다.
하지만 바늘땀 자국이 남기 때문에 별로 추천하는 방법은 아니다. 반대로 줄이는 것은 매우 간단하다.

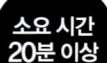
소요 시간 20분 이상

※ 여기서는 눈에 띄게 하기 위해서 빨간색 바이어스테이프를 사용했으나, 실제로 바느질할 때는 비슷한 색상의 바이어스테이프를 사용한다.

Before
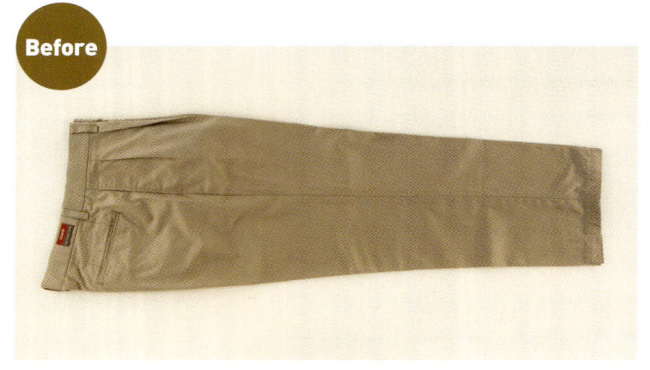

After

1
바지 밑단의 바늘땀을 뜯는다.

2
접단을 다리미로 평평하게 한다.

3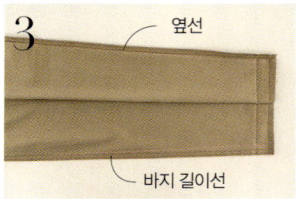
바지 길이선과 옆선을 무릎 주변에서 다시 그린다. 접어 올렸을 때 접단의 치수가 부족하지 않도록 완성선에서 아래쪽은 약간 늘린다.

4
원래의 바늘땀에서 2cm 정도 겹치는 위치에 머신바늘을 내린다.

5
새로 그린 양 옆선과 바지 길이선을 재봉한다.

6
바늘땀에 다림질을 한다.

7
바늘땀의 위치에서 접단을 뒤쪽으로 접는다(옆선, 바지 길이선).

8
바지 길이와 옆선의 시접이 따로 놀기 때문에 접단 속으로 들어가게 될 시접을 0.3cm 정도 남기고 자른다.

9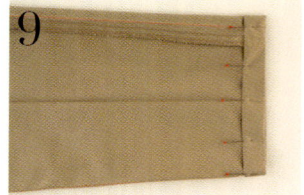
밑단을 두 번 접은 다음 시침핀으로 고정한다.

10
가장자리에서 0.2cm 들어간 위치를 재봉틀로 박는다.

벨크로가 잘 안 붙어요

벨크로는 많이 사용하면 부드러운 쪽에 보풀이 일어나고 부착도 잘 되지 않는다.
이때는 시중에 파는 벨크로와 교환하도록 한다.

소요 시간
10분 이상

※ 여기서는 눈에 띄게 하기 위해서 빨간색 바이어스테이프를 사용했으나, 실제로 바느질할 때는 비슷한 색상의 바이어스테이프를 사용한다.

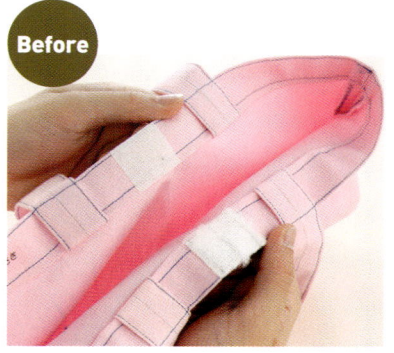
Before

After

1. 보풀이 일어난 벨크로를 떼어낸다.

2. 똑같은 크기로 자른 벨크로를 준비한다.

3. 새 벨크로를 원래의 위치에 올려놓고 시침질을 한다.

4. 재봉틀로 사방을 한 바퀴 빙 둘러 박는다.

※ 여기서는 눈에 띄는 실을 사용했으나, 실제로 바느질할 때는 원단과 똑같은 색상이나 비슷한 색상의 실을 사용한다.

ONE POINT ADVICE

벨크로
테이프 형태의 벨크로는 원하는 길이만큼 잘라서 사용할 수 있다. 또한 오른쪽 사진처럼 동그란 타입도 있다.

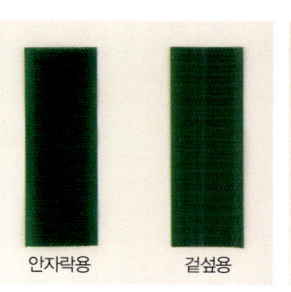
안자락용 겉섶용
테이프 형태

단추 형태

PART 2 옷 수선하기 · 65

지퍼가 고장났어요

요즘 지퍼는 튼튼하게 만들어져 있어서 좀처럼 망가질 일은 없지만 만약 고장이 났을 경우에 고치는 방법이다.
바지 지퍼를 바꿔 다는 것은 힘들지만 스커트나 원피스 정도라면 조금만 신경을 쓰면 다시 달 수 있다.

소요 시간 60분 이상

에프론지퍼의 경우

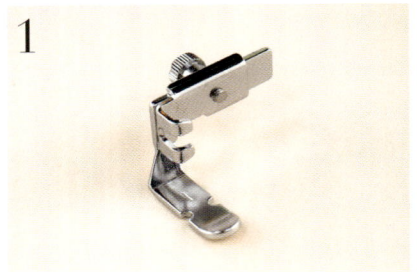

1. 재봉틀의 노루발을 지퍼 노루발로 바꾼다.

2. '허리벨트→안감→지퍼' 순으로 바늘땀을 뜯어 나간다.

3. 새 지퍼를 준비한다. 지퍼의 길이는 '트임 치수-1cm'.

4. 트임 부분에 다림질을 한다.

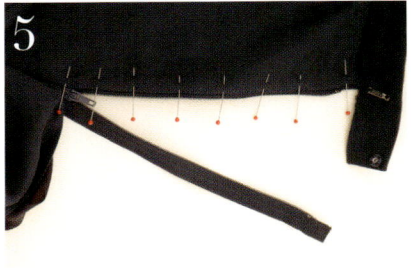

5. 아래쪽에 지퍼를 두고 시침핀으로 고정한다.

6. 시침질을 한다.

7. 재봉을 시작할 때는 지퍼를 연 채로 재봉한다.

8. 중간까지 오면 슬라이더를 올리고 트임 끝 지점까지 재봉한다.

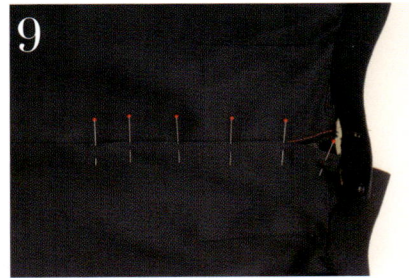

9. 지퍼를 닫은 채로 위쪽이 될 부분을 맞추어 시침핀으로 고정한다.

※ 여기서는 눈에 띄는 실을 사용했으나, 실제로 바느질할 때는 원단과 똑같은 색상이나 비슷한 색상의 실을 사용한다.

시침질을 한다.

위쪽이 될 부분의 지퍼를 단다.

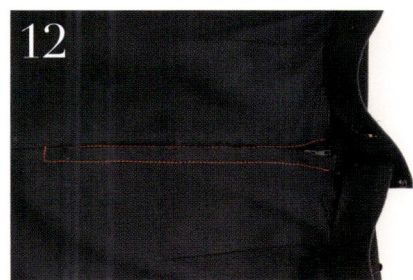
계속해서 트임 끝 지점의 위치를 재봉틀로 박는다.

안감을 지퍼 옆에 감친다(세로감치기 16페이지 참조).

다른 쪽도 감쳐서 단다.

허리벨트와 스커트의 겉쪽을 맞댄다.

②에서 뜬 위치를 재봉틀로 박는다.

허리벨트를 일으켜 세워놓고 감쳐서 단다(세로감치기).

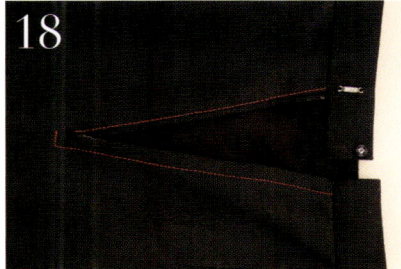
완성된 모습

콘실지퍼의 경우

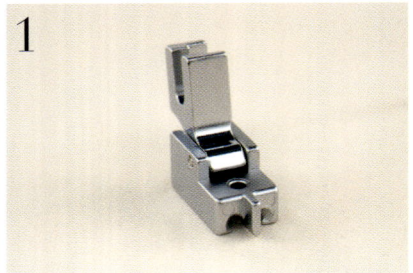
1 콘실지퍼 노루발을 준비한다.

2 안단의 가장자리를 뜯는다.

3 지퍼를 빼낸다.

4 시접에 다림질을 해서 평평하게 한다.

5 옆선을 맞춰서 시침핀으로 고정한다.

6 트임 끝 지점까지 땀폭을 크게 해서 재봉한다.

7 시접을 좌우로 가른다.

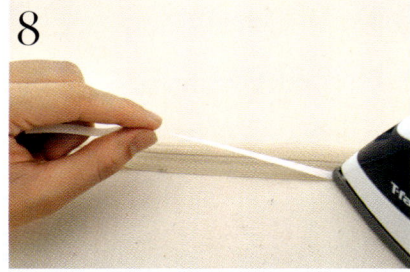
8 콘실지퍼의 겉쪽 면에 시침용 접착테이프를 붙인다. 시침용 접착테이프가 없는 경우에는 시침실로 시침질을 한다.

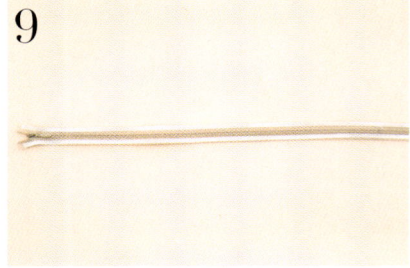
9 시침용 접착테이프를 양쪽에 붙인 모습

뒷면의 종이를 떼어낸다.

지퍼의 중심과 재봉선을 맞춘 다음 다리미로 접착한다.

큰 땀폭으로 재봉한 바늘땀을 뜯는다.

콘실지퍼의 이빨을 일으켜 세우면서 재봉한다.

콘실지퍼의 천 부분과 시접을 재봉틀로 박는다.

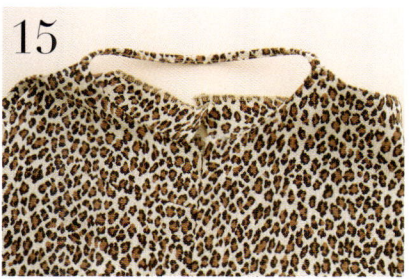

콘실지퍼를 단 모습

②에서 뜯었던 안단의 가장자리를 콘실지퍼의 가장자리에 감친다(세로감치기 16페이지 참조).

완성된 모습

※ 여기서는 눈에 띄는 실을 사용했으나, 실제로 바느질할 때는 원단과 똑같은 색상이나 비슷한 색상의 실을 사용한다.

편리한 도구 소개

시침질 대신 사용할 수 있는 편리한 도구이다. 시침실이 없는 경우나 빠르게 완성하고 싶을 때 사용하면 좋다. 어디까지나 임시로 접착하는 것이기 때문에 세탁하거나 하면 떨어질 수 있으니 붙인 뒤에는 반드시 재봉틀로 박아서 확실하게 고정해야 한다.
제공=가와구치(KAWAGUCHI)

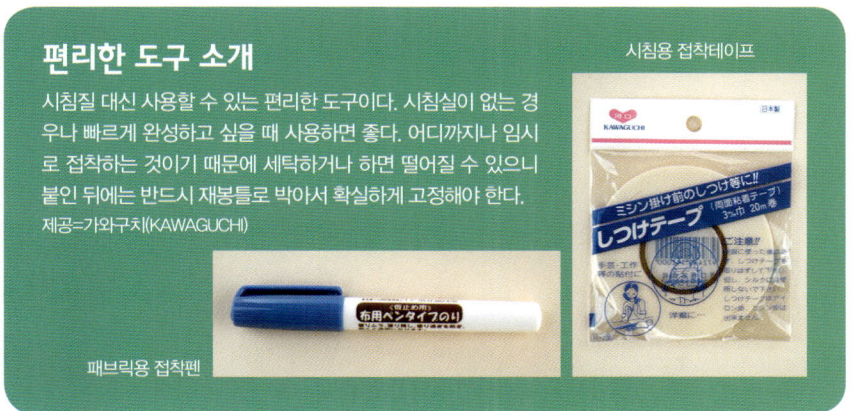

시침용 접착테이프

패브릭용 접착펜

모자 고무줄이 늘어났어요

모자는 아직 쓸 만한데 고무줄이 늘어났을 때 새 모자를 사기엔 아깝다고 생각한 적이 있을 것이다.
고무줄만 바꾸면 얼마든지 다시 사용할 수 있으니 한번 수선해보자.

소요 시간 10~20분

Before

After

1 모자에 고무줄이 연결되어 있는 부분만 바늘땀을 뜯는다(1cm 정도).

2 고무줄을 제거한다.

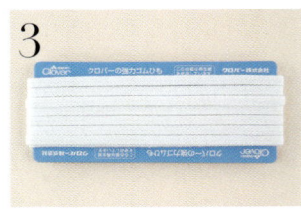
3 6골 정도 되는 굵기의 고무줄을 준비한다. 아이의 얼굴 길이를 재서 고무줄의 길이를 정한 다음 그 길이에 시접을 1cm 주고 자른다.

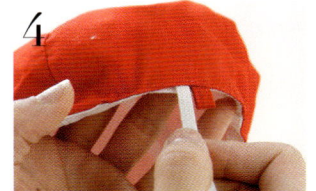
4 ①에서 뜯은 바늘땀의 구멍에 새 고무줄을 끼워 넣는다.

5 시침핀을 꽂거나 시침질을 해서 고정한다.

6 재봉틀의 윗실과 밑실의 색을 바꾼다. 이 경우에는 윗실에 빨간색, 밑실에 흰색을 사용한다. 그대로 구멍을 막으면서 재봉한다.

7 고무줄을 바꿔 단 후에 아이의 이름표를 단다.

편리한 도구 소개

피부가 약하거나 고무줄이 당기는 것을 싫어하는 사람들을 위해 개발된 고무줄이다. 똑같은 굵기의 일반 고무줄에 비해 신축성도 좋다.
제공=클로버(CLOVER)

강아지가 인형을 물어뜯었어요

아끼는 인형이 망가지면 쉽게 버리기가 힘들다. 인형의 생김새는 원래 모습과 조금 달라질 수 있지만 많이 망가지지만 않았다면 직접 수선할 수 있다.

소요 시간 **10분**

Before

After

1

인형을 수선할 때는 봉제인형용 바늘을 준비한다.

2

가장 눈에 띄지 않는 목 뒤쪽에서 눈의 위치를 향해 바늘을 꽂는다.

3
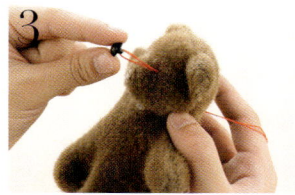
기둥 있는 검은색 단추를 눈 대신 사용한다. 단추에 실을 끼우고 ②에서 바늘을 넣었던 위치로 바늘을 다시 빼낸다.

4

조금 세게 실을 잡아당긴다.

5

실을 자르지 않은 채로 ②~③을 반복해서 다른 쪽 눈을 단다.

6

그 상태에서 실을 자르지 않은 채 코의 위치에서 바늘을 꽂아 코에 단추를 단다.

7

코를 단 모습

8

뒤쪽에서 매듭을 짓는다. 실 자국은 목둘레에 리본을 묶어 감춘다.

※ 여기서는 눈에 띄는 실을 사용했으나, 실제로 바느질할 때는 원단과 똑같은 색상이나 비슷한 색상의 실을 사용한다.

우산 끝 부분이 뜯어졌어요

우산을 사용할 때 가장 많이 망가지는 곳은 우산살에 천이 연결되어 있는 끝 부분이다.
우산을 펼친 상태에서는 수선하기 어렵지만 접은 상태에서는 쉽게 수선할 수 있다.

소요시간 5분

Before

After

1 튼튼하게 완성하기 위해서 실은 2가닥을 사용한다. 천의 안쪽에서 바늘을 빼낸다.

2 우산살의 구멍에 실을 끼운 다음 반대쪽으로 바늘을 빼낸다.

3 ①~②를 2~3번 반복한다.

4 튼튼하게 완성하기 위해서 끝 부분에 실을 2~3번 감는다.

5 위쪽에서 매듭을 지어 완성한다.
※우산은 접은 상태에서 작업한다.

※ 여기서는 눈에 띄는 실을 사용했으나, 실제로 바느질할 때는 원단과 똑같은 색상이나 비슷한 색상의 실을 사용한다.

검은색 티셔츠의 색이 바랬어요

계속해서 입으면서 세탁을 반복하다 보면 언젠가는 색상이 바래게 된다.
마음에 드는 티셔츠를 오랫동안 입기 위해서 다시 염색해서 선명한 검은색으로 부활시켜보자.
요즘에는 물로 간단하게 염색할 수 있는 염료도 많이 나오고 있다. 여기서는 다이론 콜드 염료를 사용해서 염색했다.

소요 시간 3시간 30분 이상

Before

After

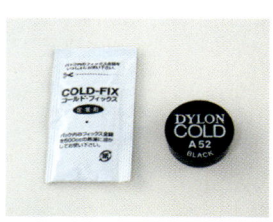

정착제
다이론 콜드 염료(BLACK A52)를 사용한다.
제공=다이론 재팬(DYLON JAPAN)

1
염색하기 전에 반드시 미리 세탁을 해서 찌든 때, 유연제 등을 제거한 다음 물에 젖은 상태로 둔다.

2
다이론 콜드 염료 한 개를 500cc 정도의 미지근한 물(40~50℃)로 잘 녹인다.

3
정착제 3봉지와 소금 250g을 뜨거운 물에 넣고 녹인다.

4
②와 ③의 용액을 혼합한다. 한 번 더 티셔츠가 잠길 정도의 물을 넣는다.

5
염색할 티셔츠를 넣는다. 이때 고무장갑을 낀다.

6
약 30분간 비벼 빨듯이 뒤적거린다. 그 다음 2시간 30분간 담가두고 가끔 뒤적거린다.

7
물로 잘 헹군 후에 뜨거운 물에서 중성세제로 세탁한다.

8
물로 헹궈서 탈수한 후 그늘에서 말린다.

9
완성된 모습

진한 색 티셔츠 등의 퇴색을 늦추는 세탁 방법

①진한 색 옷과 연한 색 옷을 함께 세탁하지 않는다. ②표백제가 들어 있는 세제는 피한다. ③옷을 뒤집어서 세탁망에 넣고 세탁한다. ④뒤집은 채로 그늘에서 말린다.

도말 블랙 패션(DOMAL BLACK FASHION)
최근에는 퇴색 방지 효과를 지닌 세제도 발매되고 있다. 이전까지의 세제보다도 퇴색 속도를 늦출 수 있다. 여기서 소개한 세제는 다크 컬러 전용이다.
제공=JIC(Japan International Commerce)

옷에 얼룩이 졌어요

옷에 얼룩이 지는 경우가 종종 있다. 그럴 때 대충 빨다가 포기한 적도 있겠지만, 그냥 포기하기에는 아직 이르다. 누구든지 손쉽게 할 수 있는 간단한 얼룩 제거 방법이 있으니 세탁소에 맡기기 전에 한 번 시도해보자.

얼룩은 크게 세 가지로 나눌 수 있다

수용성
물에 녹는 얼룩. 간장, 커피 등

지용성
기름을 함유한 얼룩. 카레, 립스틱, 볼펜 등

불용성
물에도 기름에도 녹지 않는 얼룩. 진흙, 껌 등

※수용성인지 지용성인지를 구분할 때는 얼룩에 물을 한 방울 떨어뜨려보자. 그 물이 얼룩에 스며들면 수용성, 스며들지 않으면 지용성이다.

얼룩 제거의 원칙

1 곧바로 제거한다
얼룩은 시간이 지날수록 제거하기 어려워진다. 수용성 얼룩은 바로 물로 씻어내면 대부분 제거할 수 있기 때문에 최대한 빨리 대처하는 것이 좋다.

2 비비지 않는다
비벼 빨면 옷이 쉽게 상하는 원인이 된다. 반드시 옷 아래에 타월을 깔고 타월에 얼룩이 옮겨지도록 충분히 두드리도록 한다.

3 바깥쪽부터 제거한다
약품이나 물을 적실 때 얼룩의 중심에서부터 적시면 얼룩이 밖으로 퍼져서 물 얼룩이 되어 버리는 경우가 있다. 반드시 바깥쪽부터 꼼꼼하게 처리해 나간다.

얼룩의 종류별 대처법

일상생활에서 생기기 쉬운 얼룩을 예로 들었다. 얼룩을 제거할 때는 옷 아래에 타월을 깔고 얼룩의 안쪽에서 각각의 방법을 실시한다.

 **간장·소스**
간장은 수용성, 소스는 지용성이지만 기본적으로 제거하는 방법은 동일하다. 우선 얼룩이 생기면 바로 그 자리에서 화장지 등으로 수분을 최대한 흡수시킨다. 그 다음 중성세제를 칫솔에 묻혀서 두드려준다.

 **진흙때**
완전히 말려서 칫솔 등으로 흙을 살짝 털어낸다. 그 다음 중성세제를 묻힌 칫솔로 두드린다. 진흙이라고 해도 자동차의 가솔린이나 엔진오일 등 다양한 원인으로 기름을 포함하고 있는 얼룩인 경우가 많아서 물만으로는 없애기 어려운 것이 많으므로 주의해야 한다.

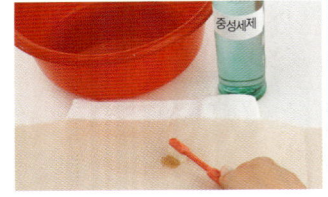   

 **카레·미트소스**
중성세제를 미지근한 물로 녹인 다음 그것을 칫솔 또는 면봉에 묻혀서 두드린다. 또한 고형비누로 가볍게 문질러도 얼룩이 빠진다. ※시간이 경과되어 색소가 남아버렸을 때는 그 소재에 맞는 방법으로 표백한다.

 **파운데이션**
화장지로 파운데이션 가루를 최대한 털어낸다. 그 다음 벤진을 칫솔이나 면봉에 묻혀서 두드린다.

 **립스틱** 벤진이나 에탄올 중 하나를 묻힌 천으로 두드린다.

 **볼펜** 에탄올 수용액을 묻힌 천으로 두드린다.

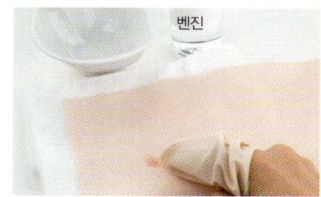   

쉽게 구할 수 있는 재료로 얼룩 제거하기

피 얼룩에는 '무'
무를 자른 다음 무의 절단면으로 피 얼룩 부분을 문지른다(또는 무즙을 얼룩 부분에 올려놓고 두드린다.). 무에 함유되어 있는 디아스타아제라는 성분이 혈액을 분해시켜서 깔끔하게 제거된다. ※혈액은 우유나 달걀과 마찬가지로 단백질을 함유하고 있으니 뜨거운 물은 사용하지 않는다.

다리미 자국이나 가방의 찌든 때에는 '식빵'
식빵 한가운데의 흰 부분을 사용해서 지우개로 지우듯이 문지른다. 그렇게 하면 다리미 자국이나 가방의 찌든 때가 빵으로 옮겨가서 놀랄 만큼 깨끗해진다. 식빵은 부드러운 것을 사용한다.

오래된 수용성 얼룩에는 '설탕물'
약간 달달한 설탕물(미지근한 물 100cc에 설탕 1~2큰술 정도)을 만든 다음 그것을 천에 묻혀서 두드리면 상당히 깨끗해진다.

커피나 홍차 얼룩에는 '레몬'
시간이 지나서 잘 없어지지 않는 커피나 홍차 얼룩에는 레몬이 효과적이다. 레몬즙을 묻힌 천으로 두드린 다음 뜨거운 물수건으로 가볍게 닦으면 깔끔해진다. ※레몬이 없으면 식초를 대신 사용할 수도 있다.

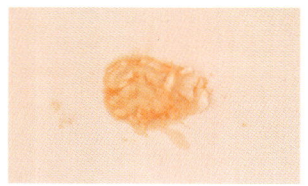

밖에서 묻은 소스나 케첩에는 '밥알'
소스나 케첩을 엎질렀을 때는 곧바로 그 부분에 밥알 여러 개를 문질러 바른다. 그렇게 하면 밥알에 액체가 스며들기 때문에 원단에 스며드는 것을 방지한다. 집에 돌아가자마자 그 부분을 손빨래한다.

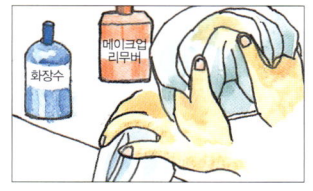

파운데이션이 묻은 부분에는 '메이크업 리무버'와 '화장수'
파운데이션이 묻은 부분에 메이크업 리무버를 묻힌 다음 가볍게 비벼서 세탁한다. 화장이 지워지는 것과 마찬가지로, 옷에 묻은 파운데이션도 잘 지워진다. 또한 알코올이 들어가 있는 화장수를 화장솜에 묻혀서 두드리면 알코올 성분으로 인해 깨끗하게 지워진다.

얼룩 제거에 사용할 수 있는 용액

에탄올
알코올의 일종으로 주로 소독액으로 사용된다. 얼룩 제거용으로 약국에서 구입할 수 있다.

중성세제
일반적인 주방세제로, 식기의 기름때를 제거하기 때문에 수용성 얼룩은 물론 지용성 얼룩도 깔끔하게 없앨 수 있다.

암모니아
암모니아 수용액으로, 벌레에 물렸을 때 등의 의약품으로 사용된다. 얼룩 제거용으로 약국에서 구입할 수 있다.

벤진
가솔린의 일종으로, 석유를 증류시켜서 만든 액체이다. 얼룩 제거용으로 약국에서 구입할 수 있다.

옥시돌
과산화수소로, 소독, 살균, 표백에 사용된다. 얼룩 제거용으로 약국에서 구입할 수 있다.

와이셔츠를 잘 다리는 방법을 알려주세요

와이셔츠에서 가장 눈에 띄는 부분은 칼라와 커프스이다. 따라서 그 부분을 얼마나 깨끗하게 관리하느냐가 중요하다.
다림질을 할 때는 다리미를 미끄러뜨리기만 하지 말고 이따금 힘을 주는 것도 잊지 말아야 한다.
익숙해지기 전에는 쓸데없는 주름을 만들게 될 수도 있지만 몇 번 정도 다리다 보면 금세 능숙해질 수 있다.

소요 시간 10~20분

Before

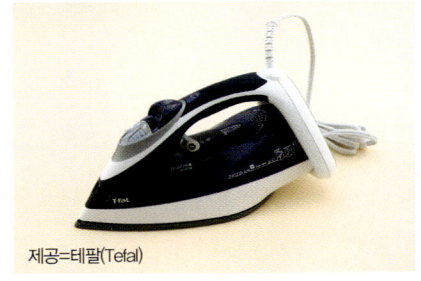

다리미와 다리미판을 준비한다. 여기서는 평평한 다리미판을 사용해서 다리는 방법을 예로 들어 설명한다.

After

1

커프스를 다린다. 안쪽 커프스(팔에 붙어 있는 쪽)를 펼친 다음 커프스를 가로로 세게 잡아당기면서 다리미를 움직인다.

2

커프스에서 세로로 벌어져 있는 부분을 안쪽에서부터 다림질한다.

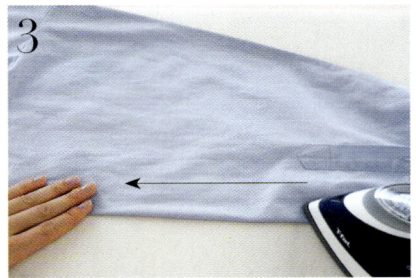

3

소맷단과 소매산을 잡고 반으로 접은 다음 소매산선에 다림질을 한다.

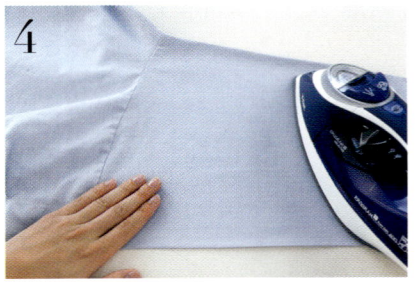

4

다리미 전체를 사용해서 소매 전체에 다림질을 한다.

칼라에 다림질을 한다. 칼라 안쪽부터 다린다. 칼라를 잡아당기는 느낌으로 칼라 끝 부분에서부터 중심을 향해 3분의 2까지 다린다.

다리미를 왼손으로 바꿔 잡은 다음 반대쪽 칼라 끝 부분에서 중심 쪽으로 다리미를 움직여서 3분의 2까지 다린다.

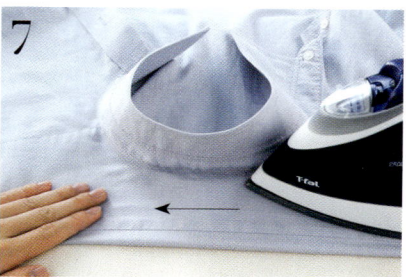

요크에 다림질을 한다.

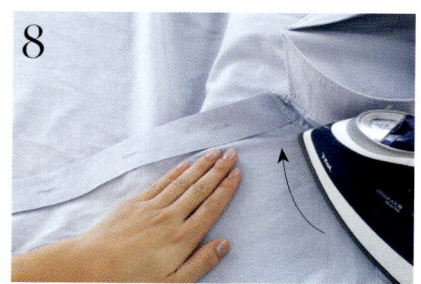

그대로 칼라가 달려 있는 라인을 따라 다리미를 움직인다. 이렇게 하면 칼라가 선 상태가 된다.

뒷몸판 전체에 다림질을 한다.

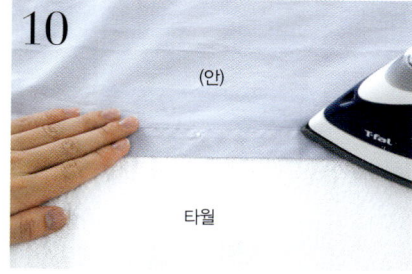

앞몸판을 다린다. 앞쪽에 단추가 달려 있는 부분을 다림질한다. 이때 셔츠 아래에 타월을 깔고 다림질을 하면 단추 자국이 남지 않는다.

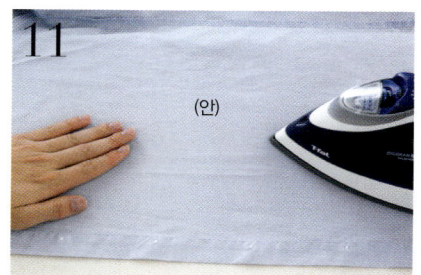

앞몸판 전체에 다림질을 한다.

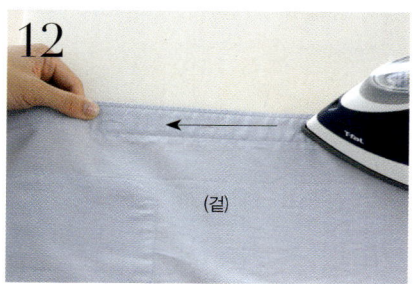

반대쪽 몸판에 다림질을 한다. 단춧구멍이 있는 부분은 잡아당기면서 다린다.

PART 2 옷 수선하기 · 77

바지 무릎이 튀어나왔어요

다리미의 열과 증기를 사용하여 평평하게 되돌리는 방법을 소개한다.

소요 시간 10~20분

Before

After

1

스팀다리미가 없을 경우에 분무기를 하나 준비해두면 더 많은 수분을 줄 수 있어서 편리하다.

2

바지를 뒤집은 다음 무릎 부분에 수분을 준다.

3

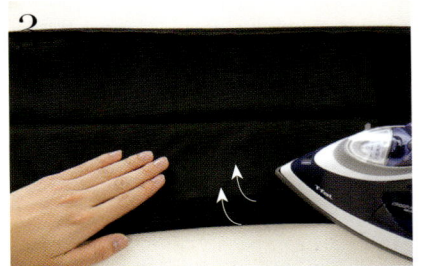

갑자기 무릎에 다림질을 하는 것이 아니라, 무릎 주변에서부터 무릎이 나온 부분을 향해 다리미를 띄우는 느낌으로 움직인다.

4

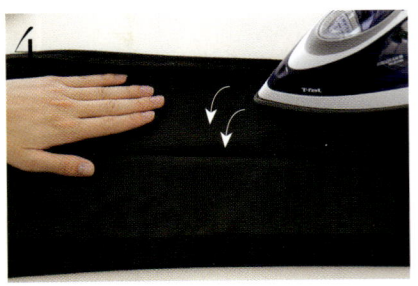

반대쪽에서도 옷감을 안으로 모으듯이 해서 다리미를 움직인다.

5

여기서 처음으로 무릎 부분에 다림질을 한다. 살짝 띄우는 느낌으로 다림질을 하면서 점점 힘을 가해 나간다.

6

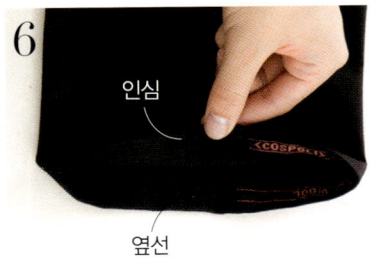

옆선과 인심의 바늘땀을 맞춘다.

접음선 전용 스프레이가 있다면 접음선 위치 주위에 스프레이를 뿌린다.

앞중심에 접음선을 표시한다. 헝겊을 덮고 다리면 옷감이 반질반질해지는 것을 방지할 수 있다.

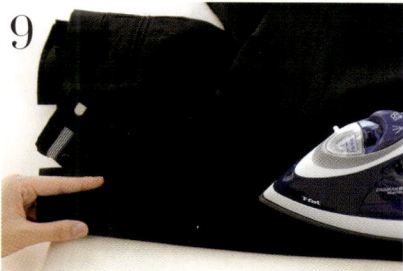

그대로 앞쪽에 있는 벨트 아래쪽까지 다리미를 미끄러뜨리듯 다린다.

바지 뒷부분에 다림질을 한다. 앞쪽과 마찬가지로 밑단에서부터 허리 쪽을 향해 다림질을 해 나간다.

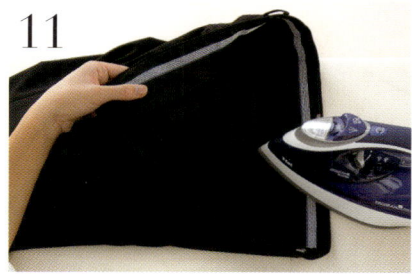

뒤쪽의 주머니감과 벨트 부분에 다림질을 한다.

무릎의 튀어나온 부분이 사라진 깔끔한 모습

다른 쪽도 마찬가지 방법으로 다림질을 한다.

편리한 도구 소개

강력 다림질 스프레이

접음선에 분사하여 다림질을 하면 접음선을 그대로 유지시켜주는 스프레이이다. 플리츠스커트 등에 주름을 잡거나 접음선을 표시할 때 편리하다. 사용하기 전에 미리 자투리 원단이나 눈에 띄지 않는 부분에 테스트를 하고 나서 사용한다.

제공=가와구치(KAWAGUCHI)

옷이 상했어요

다림질을 잘못해서 눌은 자국이나 넘어져서 찢어진 바지 무릎 등은 깔끔하게 수선만 하면 얼마든지 더 입을 수 있다.
예전에는 손으로 한 땀 한 땀 꿰매서 고쳤다면,
최근에는 수선 전용 원단을 사용해서 간단하고 깔끔하게 수선할 수 있다.

소요 시간
10분 이상

넘어져서 바지 무릎이 찢어졌어요

Before

After

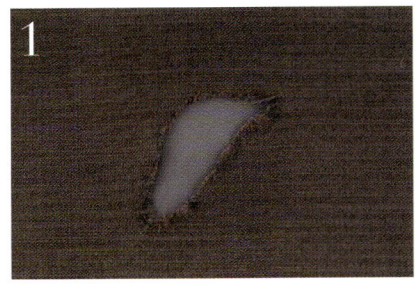

1. 튀어나와있는 실을 깔끔하게 정돈한다.

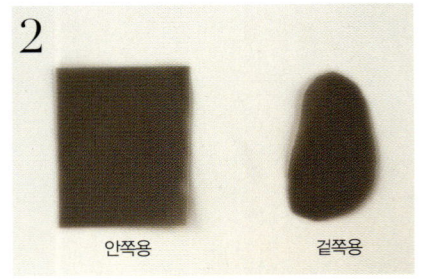

2. 구멍 부분이 커서 막을 수 있는 똑같은 원단이 없을 경우에는 겉쪽용과 안쪽용 수선 원단을 준비한다.

3. 안쪽용 수선 원단을 바지의 안쪽에 맞대어둔다.

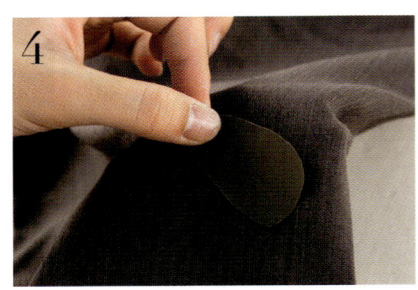

4. 바지의 겉쪽에 겉쪽용 수선 원단을 올려놓는다.

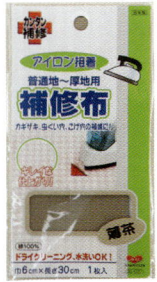

수선 원단

5. 헝겊을 덮고 다림질을 한다.

6. 열이 식을 때까지 그대로 둔다.

셔츠의 옷자락이 찢어졌어요

소요 시간 10분 이상

Before

After

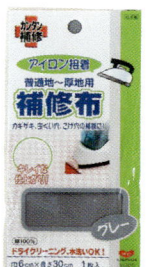

수선 원단

1
튀어나와있는 실을 깔끔하게 자른다.

2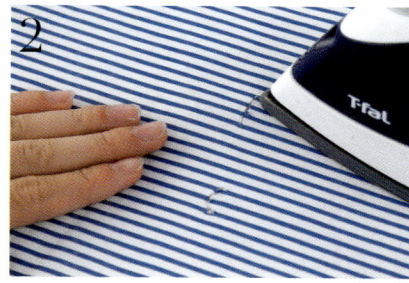
찢어진 부분이 잘 표시 나지 않도록 다리미로 조심스럽게 다려서 평평하게 한다.

3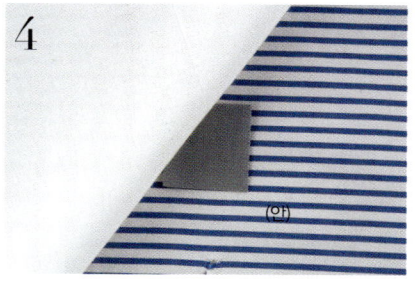
찢어진 부분보다 약간 넉넉하게 해서 수선 원단을 자른다.

4
수선 원단의 접착면을 찢어진 부분에 올려놓고 그 위에 헝겊을 덮는다.

5
다리미를 미끄러뜨리지 말고 누르듯이 다린다.

6
열이 식으면 완성

소요 시간
5분

스노보드를 타다가 소매 부분이 찢어졌어요

Before

찢어진 부분보다 약간 크게 나일론용 접착시트를 자른다.

뒷면에 붙어 있는 종이를 떼어낸다.

After

찢어진 부분의 겉쪽에서 붙인다.

완성된 모습
※다리미로 접착할 수 없는 소재에 적합하다.

수선 원단

소요 시간 20분 이상

옷이 타서 구멍이 났어요

Before

1
탄 구멍의 주위를 조금 잘라낸다.

2
구멍을 메울 원단을 시접에서 잘라낸다.

After

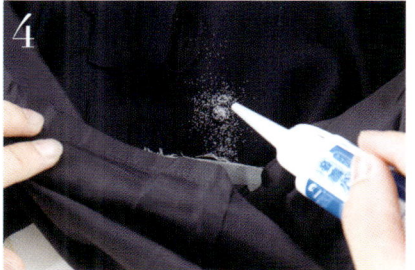
3
①의 구멍 크기에 맞춰서 ②의 원단을 자른 다음 안쪽에서 구멍을 막는다.

4
파우더를 그 위에 뿌린다.

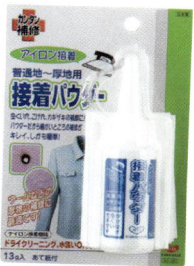
수선 파우더

5
구멍을 막을 정도의 덧댈 감을 준비하여 구멍 위에 올려놓은 다음 다림질을 해서 접착한다.

스웨터의 팔꿈치에 구멍이 났어요

Before

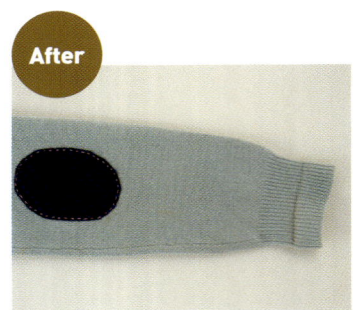

After

양면접착심지

양면접착심지를 준비한다.

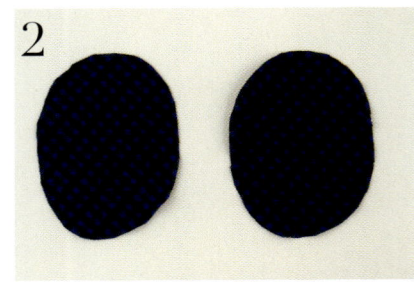

2 다른 원단을 준비한다. 주위에 시접을 1cm 준다.

양면접착심지를 덧대고자 하는 크기로 자른다.

4 ②를 안쪽으로 1cm 접은 다음 그 위에 양면 접착 심지를 올려놓는다.

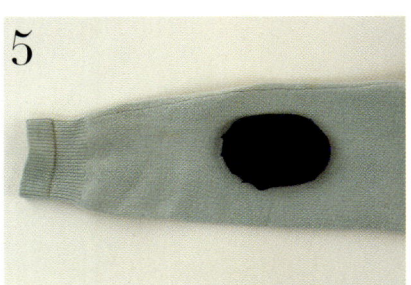

5 구멍 부분에 양면접착심지를 맞대어 올려놓는다.

6 위쪽에 헝겊을 덮는다.

다림질을 한다. 다리미를 미끄러뜨리지 말고 위쪽에서 지그시 눌러서 다린다.

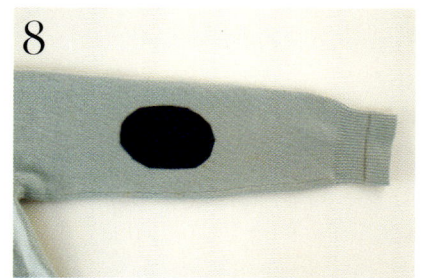

열이 식을 때까지 기다린다.

장식과 보강을 겸해서 주위에 색실 등으로 홈질을 한다.

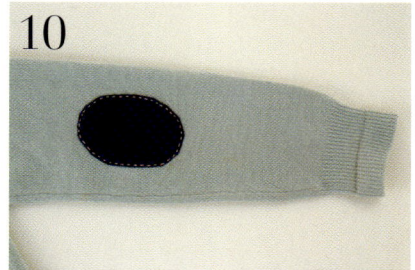

완성된 모습

스커트의 실고리가 끊어졌어요

스커트의 겉감과 안감을 이어주는 역할을 하는 실고리. 안감이 올라가거나 겉감과 따로 움직이지 않도록 연결되어 있다. 굵직한 실을 사용해서 사슬뜨기처럼 실을 떠 나간다.

소요 시간 10~20분

Before

After

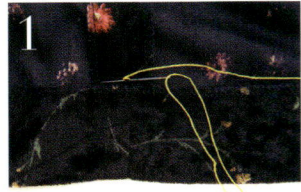

1 실고리를 달 위치에 매듭을 지은 실로 작게 뜬다.

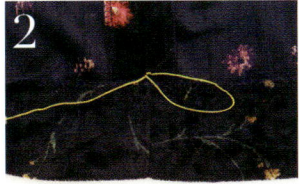

2 한 땀 더 떠서 고리를 만든다.

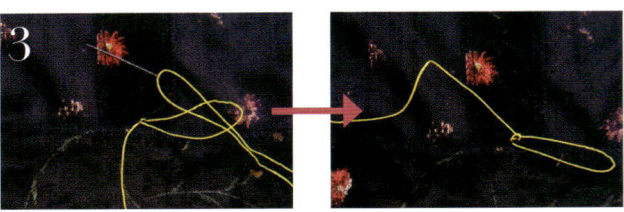

3 ②의 고리에 실을 통과시켜서 고리를 만든 다음 ②의 고리를 조인다.

4 ③과 마찬가지 방법으로 고리에 실을 통과시켜서 고리를 만든다. 실을 통과시켜서 만든 고리를 조이는 것을 반복해서 2~3cm 정도의 길이가 되게 한다.

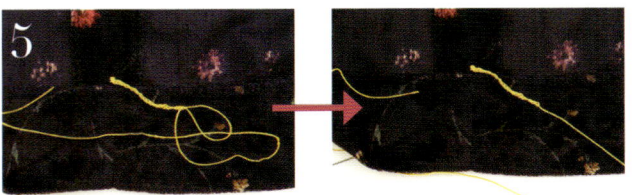

5 고리에 실을 통과시켜서 빼낸 다음 조인다.

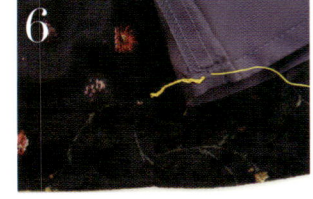

6 반대쪽의 실고리를 달 위치를 2~3번 떠서 매듭을 짓는다.

※ 여기서는 눈에 띄는 실을 사용했으나, 실제로 바느질할 때는 원단과 똑같은 색상이나 비슷한 색상의 실을 사용한다.

플리츠스커트의 주름이 펴졌어요

플리츠스커트는 입을수록 주름이 조금씩 펴지기 시작한다.
강력 다림질 스프레이를 사용해서 주름선이 확실히 잡혀 있도록 한다.

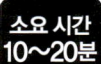
소요 시간 10~20분

Before

After

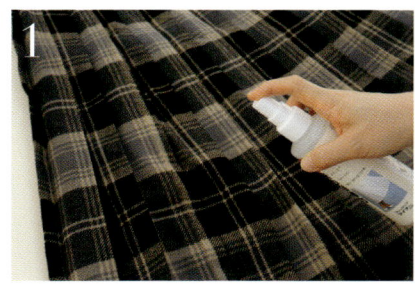

1. 주름이 잡혀 있는 부분에 낀 먼지를 제거한 다음 원단이 축축해질 정도로 강력 다림질 스프레이를 뿌린다.

2. 주름선을 가지런히 정돈한 상태에서 헝겊을 올려놓고 다리미로 완전히 말린다.

편리한 도구 소개

강력 다림질 스프레이

접음선에 분사하여 다림질을 하면 접음선을 그대로 유지시켜주는 스프레이이다. 플리츠스커트 등에 주름을 잡거나 접음선을 표시할 때 편리하다. 사용하기 전에 미리 자투리 원단이나 눈에 띄지 않는 부분에 테스트를 하고 나서 사용한다.
제공=가와구치(KAWAGUCHI)

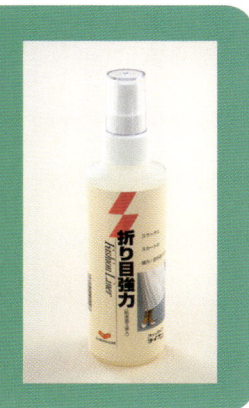

세탁할 수 있는지 궁금해요

옷의 태그를 보지 않고 세탁을 하거나 다림질을 해버려서 옷이 줄어들거나 옷감이 상한 경험이 있을 것이다. 다 알고 있는 것 같지만 의외로 잘 모르는 세탁기호에 대해 알아보자.

품질표시
본판 면 100%
코바늘 부분 아크릴 55% 면 45%

한국세탁기호

물 온도 95°C로 세탁	물 온도 60°C로 세탁	물 온도 40°C로 세탁	약 40°C
• 물 온도 95°C로 세탁 • 세탁기, 손세탁 가능 • 세제 종류 제한 없음 • 삶을 수 있음	• 물 온도 60°C로 세탁 • 세탁기, 손세탁 가능 • 세제 종류 제한 없음	• 물 온도 40°C로 세탁 • 세탁기, 손세탁 가능 • 세제 종류 제한 없음	• 물 온도 40°C로 세탁 • 세탁기로 약하게 세탁 • 약하게 손세탁 가능 • 세제 종류 제한 없음
약 30°C 중성	손세탁 약 30°C 중성	물세탁 안 됨	
• 물 온도 30°C로 세탁 • 세탁기로 약하게 세탁 • 약하게 손세탁 가능 • 중성세제 사용	• 물 온도 30°C로 세탁 • 세탁기 사용 불가 • 약하게 손세탁 가능 • 중성세제 사용	• 물세탁 안됨	

드라이	드라이 석유계
• 드라이클리닝 가능 • 용제는 클로로에틸렌 또는 석유계 사용	• 드라이클리닝 가능 • 용제는 석유계 사용
드라이	드라이 (X)
• 드라이클리닝 할 수 있으나 셀프 서비스는 할 수 없음(전문점에서만 가능)	• 드라이클리닝 불가함

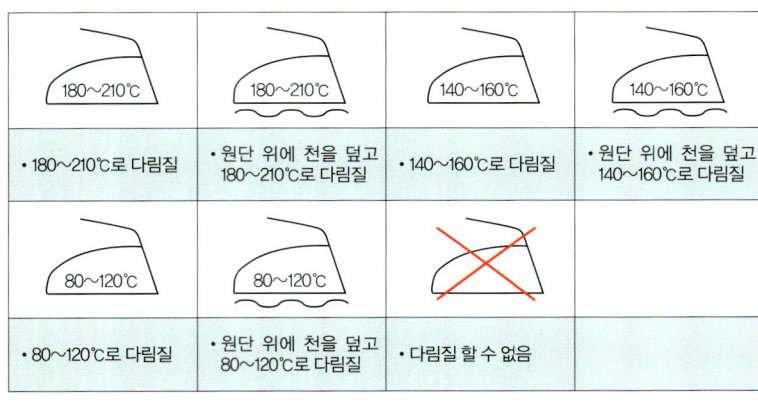

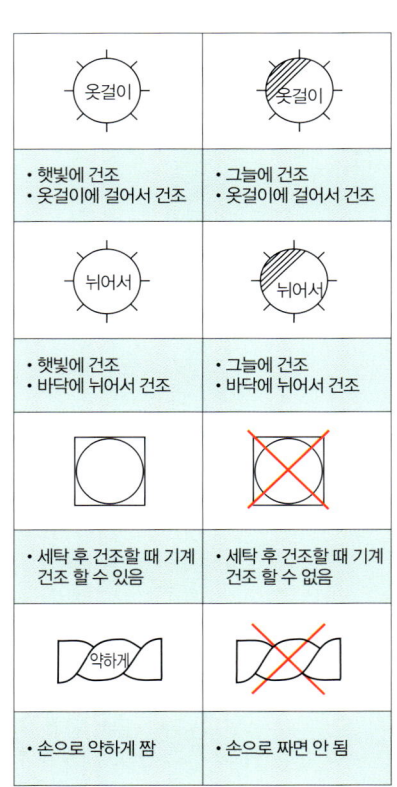

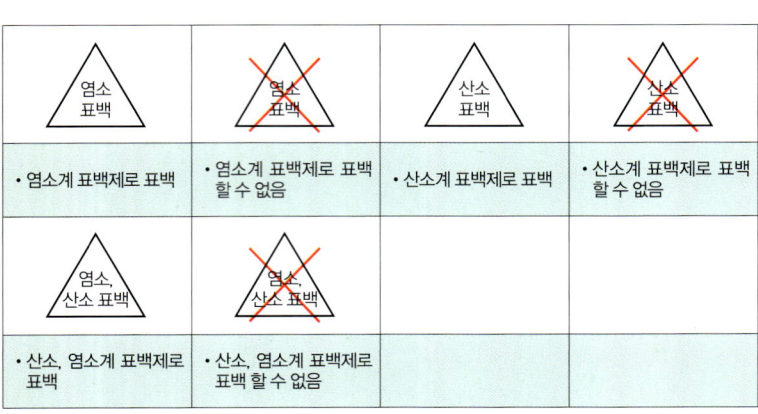

PART 3
하루 만에 소품 만들기

아이가 유치원이나 학교에 가 있는 동안 만들 수 있는 간단한 소품들입니다.
가끔씩은 자신의 손으로 직접 만들어보는 건 어떨까요?
작품은 재봉틀을 사용해서 만든 것이 많지만 손바느질로도 만들 수 있도록 디자인했습니다.

작품을 만들 때 필요한 도구

이 정도만 갖추면 대부분의 작품은 만들 수 있다.
재봉에 익숙해지면 자신에게 맞는 더욱 편리한 도구를 갖춰나가자.

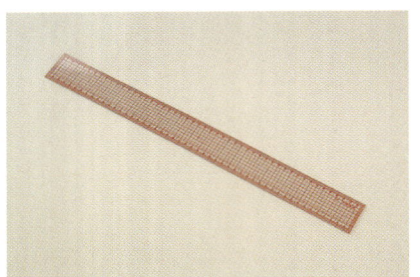

방안자
제도를 하거나 치수를 잴 때 사용한다. 5mm 간격으로 눈금이 그려져 있어서 평행선도 쉽게 그릴 수 있다. 30cm 자와 50cm 자를 준비해두면 더욱 수월하게 작업할 수 있다.

시침실
익숙해질 때까지는 시침질을 한 뒤에 바느질을 하면 깔끔하게 완성할 수 있다. 색상은 흰색이 기본이지만 원단에 따라서는 눈에 띄는 분홍색이나 파란색 시침실을 사용한다.
제공=클로버(CLOVER)

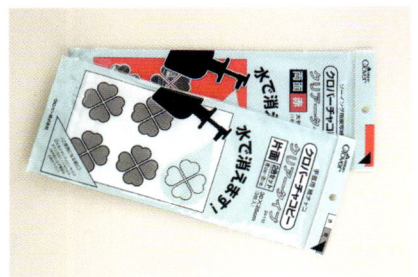

초크페이퍼
원단에 완성선을 표시할 때 사용한다. 패턴과 원단 사이 또는 원단과 원단 사이에 끼우고 룰렛을 사용해서 원단에 완성선을 베낀다. 단면과 양면, 두 가지 타입이 있다.
제공=클로버(CLOVER)

재단 가위
가위 쥐는 방법과 사용법은 8페이지를 참조한다.
제공=클로버(CLOVER)

손바느질에 필요한 도구

골무 / 쪽가위 / 손바느질용 실 / 핀 쿠션 / 시침핀 / 손바늘

재봉틀을 사용하더라도 손바느질을 해야 하는 경우가 종종 있으니 이것만은 꼭 갖춰두자. 자세한 것은 8~9페이지를 참조한다.
손바느질용 실 제공=후직스(FUJIX) /
그 외=클로버(CLOVER)

재봉틀
사용법은 26페이지를 참조한다.
제공=브라더(BROTHER)

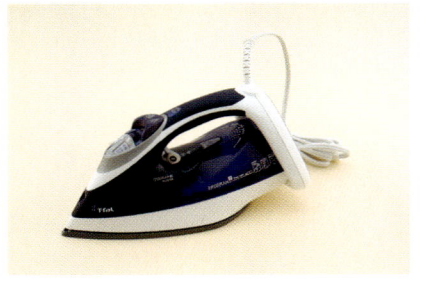

다리미
사용법은 38페이지를 참조한다.
제공=테팔(Tefal)

원단·실·바늘의 관계에 대해서

깔끔하고 튼튼하게 바느질하기 위해서는 원단과 실과 바늘의 관계를 알아둘 필요가 있다.
두꺼운 원단에는 두꺼운 원단 전용 바늘과 실을, 얇은 원단에는 얇은 원단 전용 바늘과 실을 사용한다.
원단의 두께와 맞지 않는 실과 바늘을 사용하면 바늘땀이 뜨거나 실이 끊어지거나 바늘이 부러질 수도 있다.

	얇은 원단	보통 두께의 원단	두꺼운 원단	신축성 있는 원단
원단 두께마다 다양한 소재의 종류가 있다.	오건디, 시폰, 실크, 조젯 등	시팅, 시어서커, 브로드, 론 등	데님, 퀼팅, 코듀로이, 와플 등	저지, 니트, 플리스, 스웨트 등
실 재봉틀 전용 실이다. 숫자가 커질수록 실은 가늘어진다.	얇은 원단 / 90번	보통 두께의 원단 / 60번	두꺼운 원단 / 30번	신축성 있는 원단 / 니트용
바늘 재봉틀 전용 바늘이다. 실과는 반대로 숫자가 커질수록 바늘은 굵어진다.	9번	11번	14번	니트용

※ 여기서 소개한 상품들 이 외에도 다양한 종류의 바늘과 실이 있다.

원단의 겉과 안 구분하는 방법

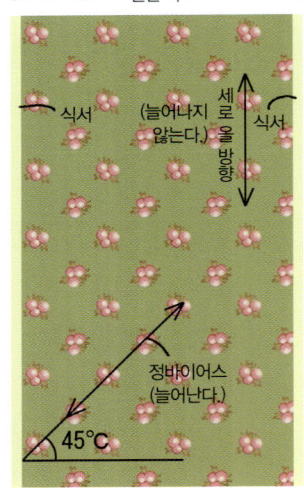

원단의 식서와 올 방향
원단의 양쪽 가장자리(올이 풀리지 않는 부분)를 '식서'라고 하며, 이 식서에 평행이 되는 방향을 '세로 올 방향(식서 방향)', 원단 폭에 평행이 되는 방향을 '가로 올 방향'이라고 한다. 세로 올 방향은 잘 늘어나지 않으며, 반대로 가로 올 방향은 잘 늘어난다. 45° 정바이어스가 가장 잘 늘어나는 방향이다.

 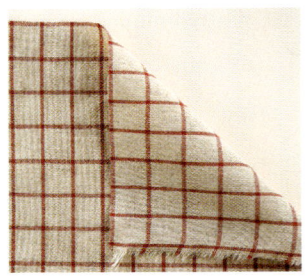

프린트 원단이나 무늬 원단은 깔끔하게 보이는 쪽이 겉쪽이다. 왼쪽 사진처럼 '식서'에 프린트가 되어 있거나, 글자가 찍혀 있는 면이 겉쪽이 된다. 오른쪽 사진처럼 잘 구분이 되지 않을 경우에는 어느 한쪽을 겉쪽으로 정한 뒤에 겉과 안을 혼동하지 않는 것이 포인트이다.

실 색상 선택하는 방법

실의 색상은 같은 색 계열의 경우라도 매우 다양하다. 그 중에서 가장 알맞은 색상을 선택하는 것은 의외로 어렵게 느껴진다.
여기서는 원단에 어울리는 다양한 타입의 실을 선택하였으니 참고하기 바란다.

같은 색 계열이 많은 경우
바탕에 초록색 계열의 배색이 많으므로 실도 초록색 계열을 선택한다. 너무 진하거나 연하지 않은 바탕색과 비슷한 실을 선택한다.

서로 다른 두 가지 색상의 경우
포인트가 강한 밝은 빨간색을 선택하고 싶지만, 베이지색의 배색이 많기 때문에 이 경우에는 베이지색의 실을 선택하는 것이 무난하다. 일부러 스티치를 눈에 띄게 하고 싶을 때는 밝은 빨간색을 선택한다.

색상이 많이 들어 있는 경우
분홍색도 나쁘진 않을 것 같지만 원단에 들어 있는 분량이 적기 때문에 붕 떠 보일 수 있다. 전체 색상도 연하므로 배색에 많이 들어 있는 연한 색상의 실을 선택한다.

원단 올 바로잡기

구매한 원단은 씨실과 날실이 올바르게 교차되고 있지 않거나 비뚤어져 있는 경우가 있다.
그 상태에서 재단을 하면 완성했을 때 윤곽이 깔끔하게 나오지 않거나 찌그러질 수 있으니
씨실과 날실이 직각으로 똑바르게 교차되도록 올을 바로잡아준다.

코튼·리넨 원단의 올 바로잡기

1. 씨실(가로 올)을 끝에서 끝까지 빼낸다.

2. 실을 빼내면 가로 올 방향에 선이 한 줄 생긴다.

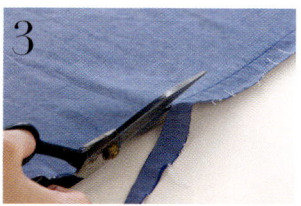

3. 선을 따라 원단을 재단한다.

4. 식서에 비스듬하게 가위집을 넣는다. 가로로 가위집을 넣지 않도록 주의한다.

5. 약 1시간 정도 물에 담가두어 물이 충분히 스며들게 한다.

6. 구김이 가지 않도록 잘 편 다음 약간 덜 마른 상태가 될 때까지 그늘에서 말린다.

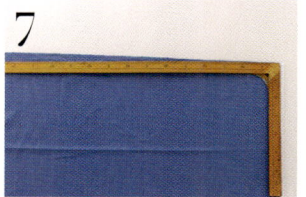

7. 원단을 펼친 다음 직각자를 대고 비뚤어져 있는 방향을 확인한다.

8. 비뚤어진 원단을 조금씩 잡아당겨서 올을 바로잡는다.

9. 세로 올 방향으로 다림질을 한다.

10. 가로 올 방향으로 다림질을 한다.

재단 & 표시하기

패턴에는 시접이 포함되어 있는 것과 포함되어 있지 않은 것이 있다. 시접이 포함되어 있는 패턴은 재단한 후에 완성선 표시를 하고, 포함되어 있지 않은 패턴은 시접을 추가하고 나서 재단한다.

재단 방법

시접이 포함되어 있는 패턴의 경우

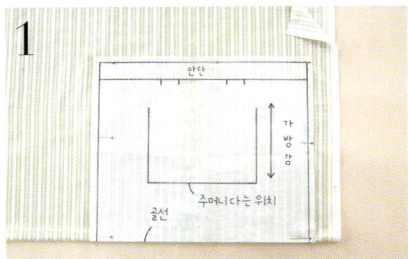
1
패턴을 원단에 맞추어 올려놓은 다음 시침핀으로 고정한다.

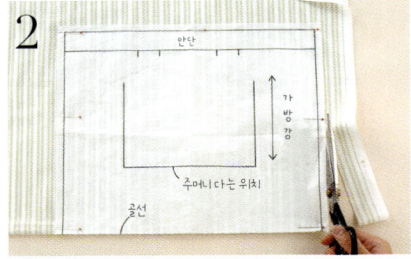
2
패턴대로 재단한다.

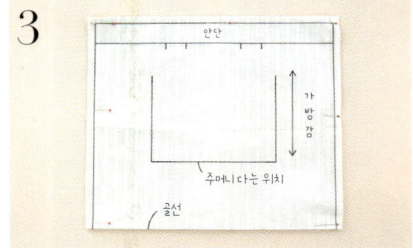
3
재단이 끝난 모습

시접이 포함되어 있지 않은 패턴의 경우

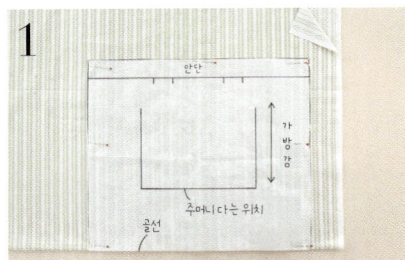
1
패턴을 원단에 맞추어 올려놓은 다음 시침핀으로 고정한다.

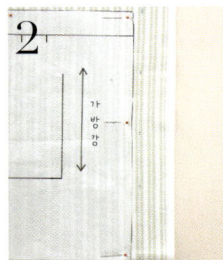
2
시접선을 줄 폭을 정한다.

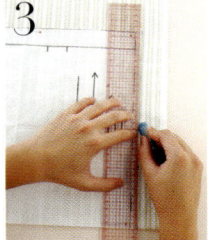
3
시접을 표시한다.

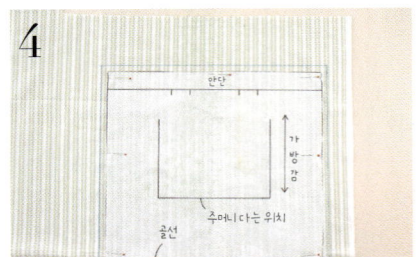
4
표시를 한 모습

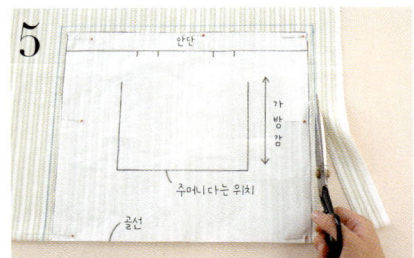
5
시접선을 따라 재단한다.

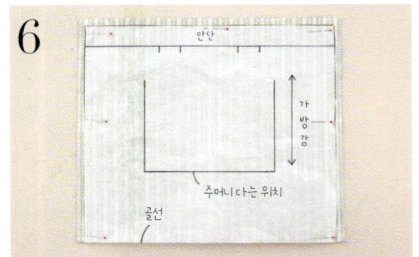
6
완성된 모습

표시하는 방법

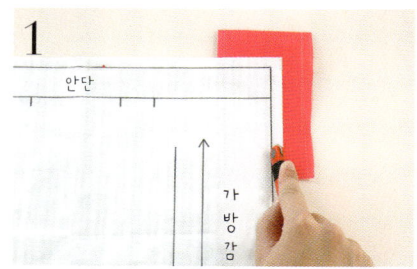

원단과 원단 사이에 초크페이퍼를 끼우고 룰렛으로 표시를 한다.

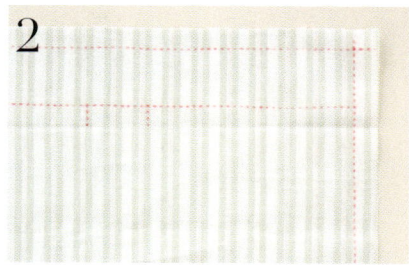

원단에 완성선이 표시된 모습

표시할 때 필요한 도구

초크 또는 초크페이퍼
일반적인 초크 타입의 초크나 초크페이퍼 이외에도 연필 형태로 된 초크펜슬, 마커 타입, 물로 지울 수 있는 타입 등 다양한 타입의 도구가 있다.

초크

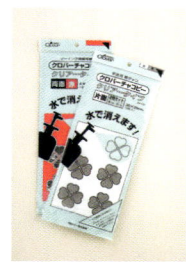

초크페이퍼

초크펜슬

룰렛
초크페이퍼를 원단에 전사할 때 필요한 것이 룰렛이다. 원단 사이에 초크페이퍼를 끼운 다음 패턴의 완성선 위를 누르면서 톱니를 굴려서 사용한다. 톱니 날이 뾰족한 하드 타입, 톱니 날이 둥근 소프트 타입, 시접을 동시에 표시할 수 있는 더블 룰렛 등 종류가 다양하다.

룰렛(하드 타입)

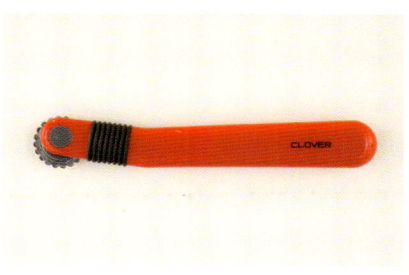

룰렛(소프트 타입)

더블 룰렛

제공=클로버(CLOVER)

접착심에 대해서

접착심이란 뒤쪽에 접착제가 발라져 있는 심지로, 다리미로 열을 가해서 원단의 뒤쪽 면에 접착한다.
접착심을 반드시 붙일 필요는 없지만 작품을 완성했을 때 더욱 튼튼하고 모양도 깔끔해지니 한 번 도전해보자.

접착심의 장점

1 원단에 힘을 실어주기 때문에 깔끔한 윤곽을 만들 수 있다.
2 옷이나 소품의 형태가 변형되는 것을 방지한다.
3 늘어나기 쉬운 소재나 늘어나기 쉬운 부분이 쉽게 늘어나지 않도록 잡아주기 때문에 바느질하기가 수월해진다.
4 부분적으로 두께와 강도를 실어주어 원단을 보강할 수 있다.

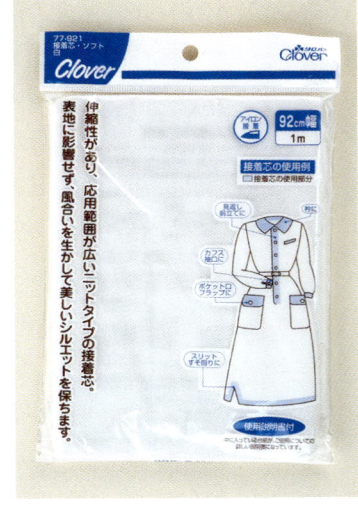

제공=클로버(CLOVER)

접착심의 종류

직물 타입
대부분은 평직으로 방향성이 있으므로 재단할 때도 겉감과 같은 방향으로 재단하는 것이 좋다. 보습성도 뛰어나다.

부직포 타입
가볍고 잘 구겨지지 않으며 올도 잘 풀리지 않아서 다루기가 편하지만 신축성이 있는 원단에는 적합하지 않다. 대부분은 방향성이 없기 때문에 빈틈없이 모두 재단할 수 있다.

편성물 타입
신축성이 뛰어나며 촉감도 부드럽다. 편성물로 되어 있어서 접착할 때 약간 줄어들 수 있으므로 줄어드는 분량을 고려해서 패턴보다 약간 크게 재단한다.

접착심의 겉과 안

접착심의 겉과 안을 잘 구분해서 사용한다. 뒤쪽의 접착면에는 접착제가 발라져 있어 꺼슬꺼슬하니 확인하고 나서 접착한다.

접착의 조건

접착심을 붙이려면 온도, 압력, 시간 등 세 가지 조건이 필요하다. 이 조건에 주의하면서 접착심을 붙인다.

온도

너무 높음	접착제가 너무 녹아서 접착력이 떨어진다. 접착제가 겉감이나 심지에 스며든다.
너무 낮음	접착제가 충분히 녹지 않아서 접착력이 떨어진다.

압력, 시간

너무 강함	겉감의 감촉이 사라진다.
너무 길음	접착심의 선이 겉쪽 면에 드러난다.
너무 약함	
너무 짧음	접착심이 겉쪽 면에 접착되지 않는다.

접착심 붙이는 방법

1. 원단의 안쪽 면에 접착심의 접착면을 맞대어둔다.

2. 그 위에 헝겊을 올려놓고 중심에서부터 다리미로 접착해 나간다(아래쪽 일러스트 참조).

3. 열이 식을 때까지 기다린다.

4. 표시는 접착심을 붙인 뒤에 한다.

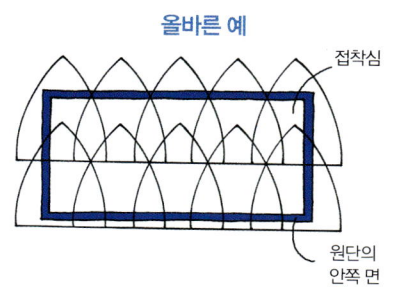

올바른 예 — 접착심 / 원단의 안쪽 면

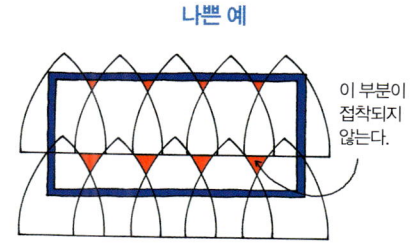

나쁜 예 — 이 부분이 접착되지 않는다.

DIY ITEM 01
에코백

비닐봉지 형태로 만든 에코백이다.
사이즈가 약간 크기 때문에 장바구니로 사용하기 좋다.
깔끔하게 접을 수 있는 형태라서 가방에 넣어도
부피를 많이 차지하지 않는다.

실물 크기
패턴 A

재료

겉감(코튼리넨)
100cm(폭)×90cm

※ 여기서는 눈에 띄는 실을 사용했으나, 실제로 바느질할 때는 원단과 똑같은 색상이나 비슷한 색상의 실을 사용한다.

만드는 방법

재단 & 표시하기

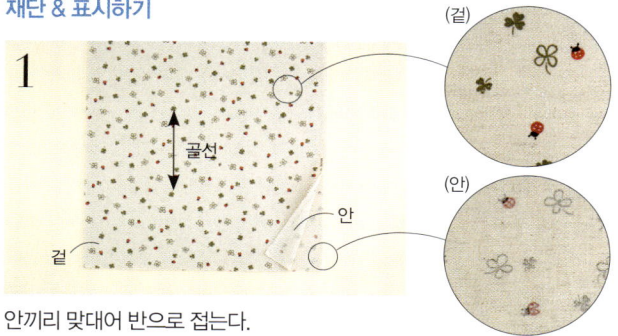

1 안끼리 맞대어 반으로 접는다.

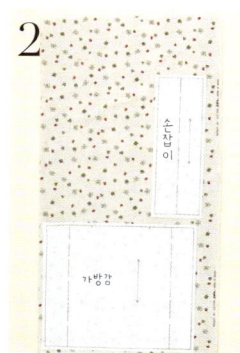

2 원단 위에 패턴을 올려놓는다.

3 패턴이 어긋나지 않도록 2장을 함께 시침핀으로 고정한다.

4 패턴대로 자른다.

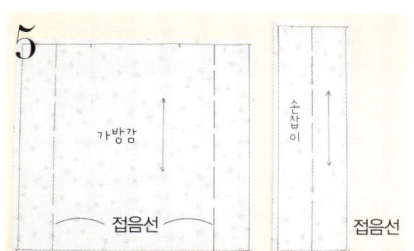

5 가방감과 손잡이를 재단한 모습

6 원단 사이에 양면 초크페이퍼를 끼운 다음 룰렛으로 완성선을 그린다.

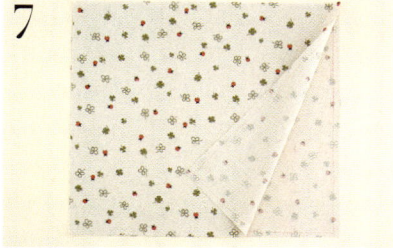

7 가방감과 손잡이를 재단한 모습

8 마찬가지 방법으로 손잡이에도 표시를 한다.

손잡이 만들기

1 완성선에 원단의 가장자리를 맞춘 다음 안쪽에 다림질을 해서 접는다.

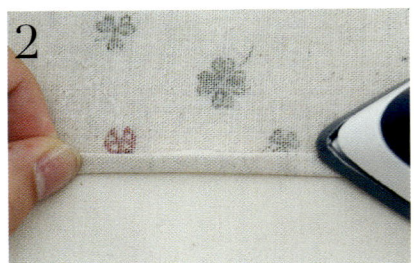

2 완성선을 따라 한 번 더 접는다.

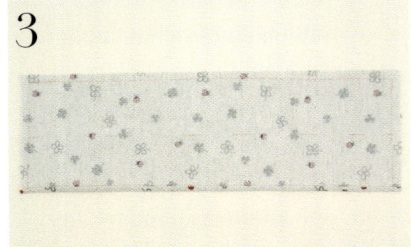

3 한쪽을 두 번 접은 모습

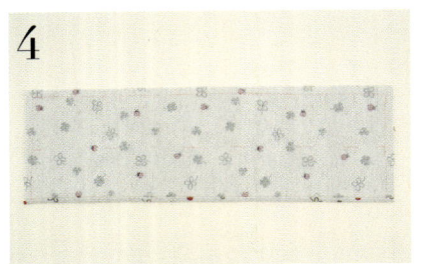

4 반대쪽도 마찬가지 방법으로 접는다.

5 어긋나지 않도록 시침핀으로 고정한다.

6 시접의 가장자리에서 0.2cm 들어간 위치를 재봉틀로 박는다.

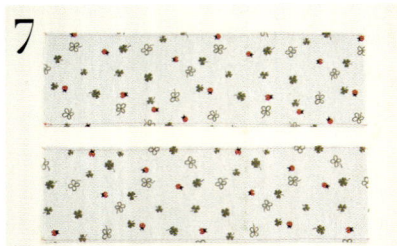

7 손잡이 완성(2개 만든다.)

가방감 재봉하기

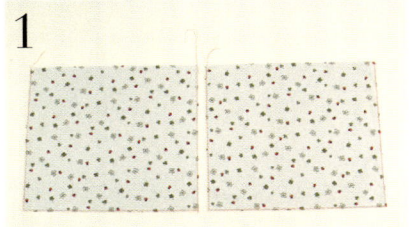

1 입구를 제외한 나머지 세 변을 지그재그 재봉으로 박는다(시접 처리).

2 겉끼리 맞댄 다음 양쪽 옆선을 시침핀으로 고정한다.

3 양옆의 완성선 위를 재봉틀로 박는다. 시작할 때와 마무리할 때는 되돌아박기를 한다.

4 양쪽 옆선을 모두 재봉한 모습

5 다림질을 해서 바늘땀을 안정시킨다.

6 시접을 좌우로 가른다.

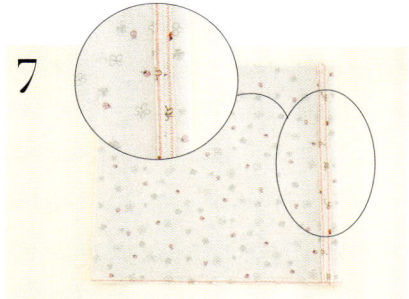

7 시접을 가른 모습

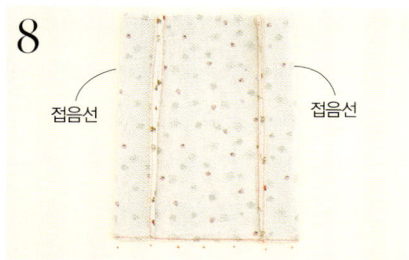

8 접음선을 따라 안쪽으로 2장을 함께 접은 다음 바닥 부분을 시침핀으로 고정한다.

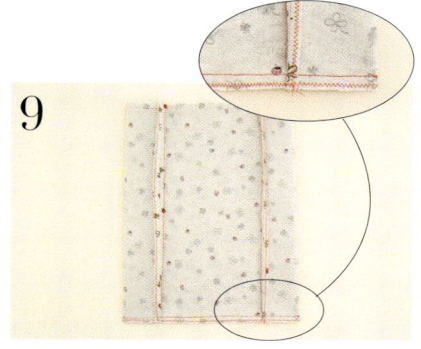

9 ⑧에서 접은 부분도 함께 바닥을 재봉한다.

10 바닥의 시접을 위쪽으로 접는다.

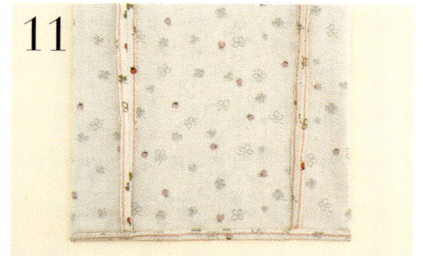

11 바닥의 시접을 깔끔하게 접어 올린 모습

PART 3 하루 만에 소품 만들기 · 101

겉으로 뒤집은 다음 송곳을 사용해서 모서리를 깔끔하게 꺼낸다.

접음선에 다림질을 해서 접은 자국을 확실하게 내준다.

바닥이 접혀진 모습

손잡이 만들기

바닥에서 0.8cm 들어간 위치를 재봉틀로 박는다.

프리암 기능이 있는 재봉틀은 작업 테이블을 빼낸다.

가방감의 방향을 바꾼다. 옆선의 바늘땀이 중심이 되도록 펼친다.

가방감과 손잡이를 맞댄다.

옆선의 바늘땀이 손잡이 사이에 오게 해서 손잡이를 올려놓은 다음 시침질로 고정한다.

손잡이 부분만 재봉틀로 박는다(반대쪽도).

6

입구를 지그재그 재봉으로 박는다. 손잡이와 겹치는 부분은 2장을 함께 재봉한다.

7

양쪽 손잡이를 단 모습

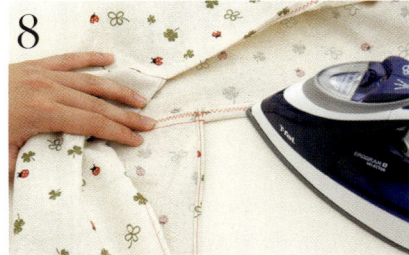

8

완성선을 따라 입구를 안으로 접는다.

9

겉쪽에서 0.2cm 들어간 위치를 재봉틀로 박는다.

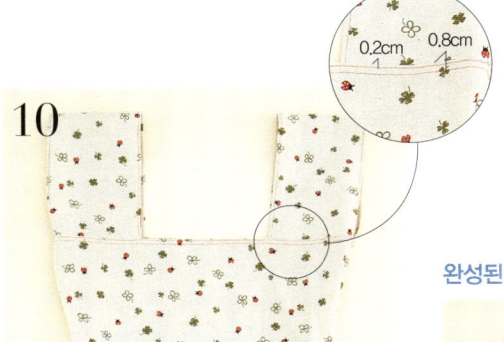

10

0.8cm 들어간 위치를 한 번 더 재봉한다.

11

손잡이를 가방감의 접음선에서 계속 이어지듯이 다리미로 눌러 접는다.

완성된 모습

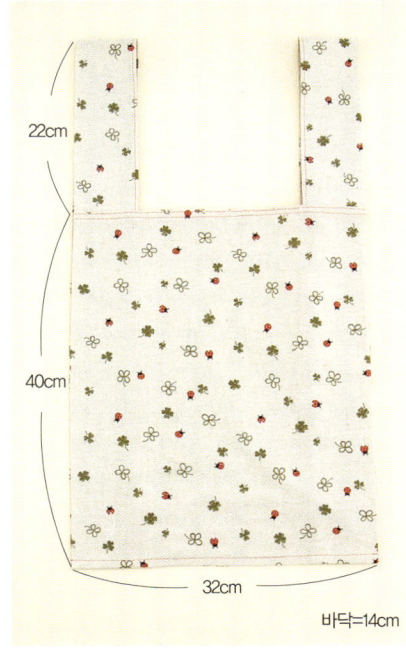

22cm

40cm

32cm

바닥=14cm

PART 3 하루 만에 소품 만들기 · 103

DIY ITEM 02
핀 쿠션

빈 유리병을 이용해서 귀여운 핀 쿠션을 만들었다.
자투리 원단으로 공작을 하듯 만들 수 있고,
사용 중인 실을 병 안에 담아둘 수도 있어서 유용하다.

제도

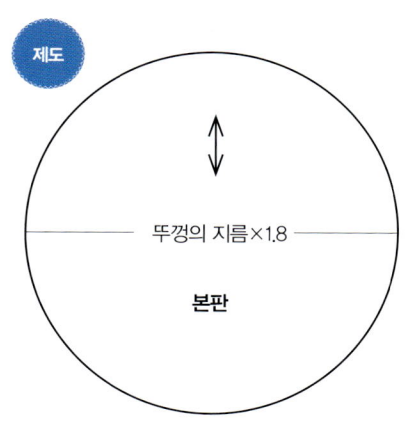

뚜껑의 지름×1.8

본판

뚜껑의 지름 < 0.2cm

두꺼운 종이

재료

겉감(코튼) 10cm(폭)×10cm
두꺼운 종이 10cm×10cm 1장
방울솜(또는 양모펠트) 약간
리본테이프 약간
유리병 1개

※ 병뚜껑의 크기에 따라 사용할 원단의 크기도 달라진다.

 만드는 방법

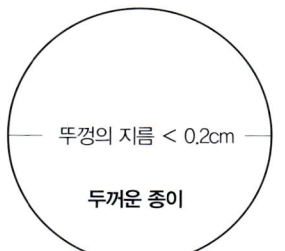

1 손바느질용 실로 원단 주위를 촘촘하게 홈질한다.

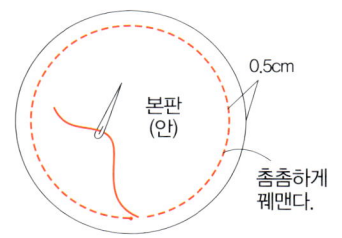

2 중심에 방울솜을 놓는다.

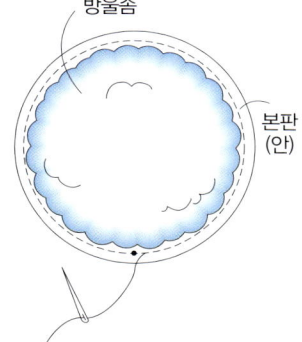
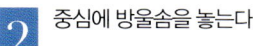

3 실을 조이면서 안에 두꺼운 종이를 넣는다.

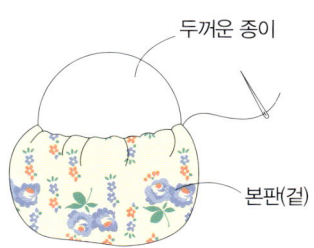
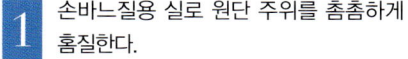

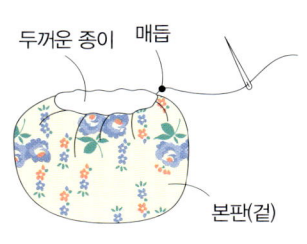

4 실을 꽉 조인 다음 매듭을 짓는다.

5 병뚜껑에 패브릭 본드를 바른 다음 뚜껑에 본판을 붙인다.

6 리본테이프를 둘러서 뚜껑과의 경계를 감춘다.

DIY ITEM 03
쿠션 커버

원단 한 장을 접어서 위아래를 재봉하기만 하면
간단히 만들 수 있는 쿠션 커버이다.
뒤쪽에 단추를 달아서 쿠션 솜이 밖으로 튀어나오지 않도록 했다.
계절마다 원단을 바꿔서 만들어보자.

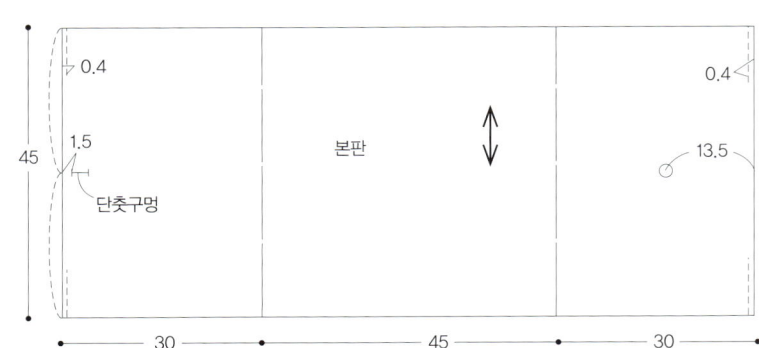

뒤쪽

재료

겉감(코튼리넨) 110cm(폭)×50cm
45cm×45cm 쿠션 솜 1개
지름 2cm 단추 1개

제도

본판

0.4
1.5
단춧구멍
0.4
13.5
45
30 — 45 — 30

재단 배치도

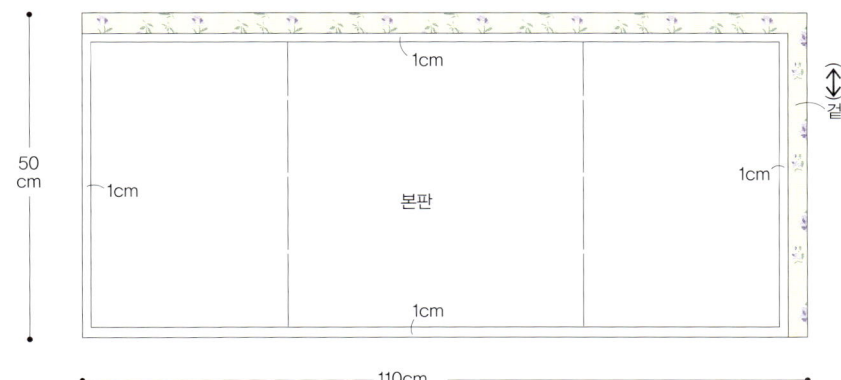

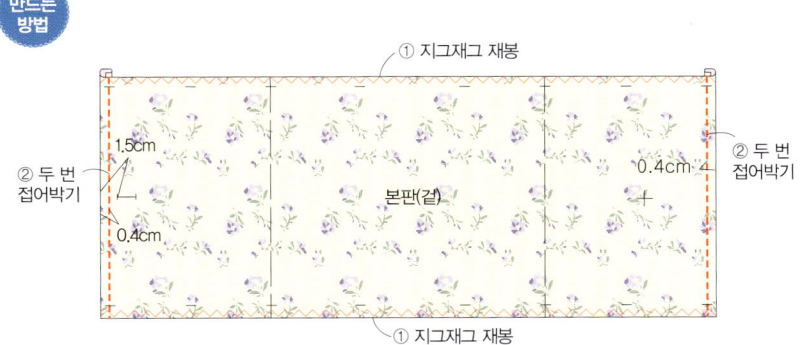

1. **원단의 양쪽 가장자리를 처리한다.**
다리미를 사용해서 양쪽 가장자리를 안쪽으로 0.5cm씩 두 번 접은 다음 겉쪽에서 0.4cm 들어간 위치를 재봉한다.

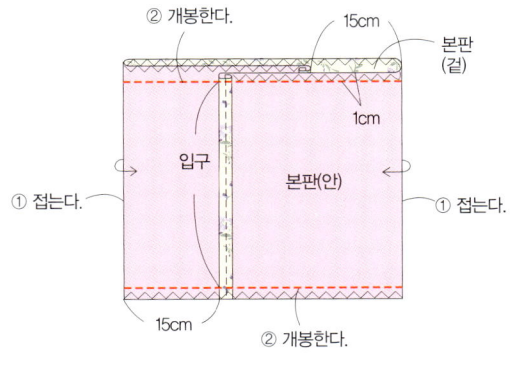

2. **단츳구멍을 만든다.**
만드는 방법은 다음 페이지 설명 참조

3. **위아래의 가장자리를 재봉한다.**
접음선을 따라 겉쪽이 안으로 가게 해서 접은 다음 시침핀으로 고정한다. 위아래의 가장자리에서 1cm 들어간 위치를 각각 재봉한다.

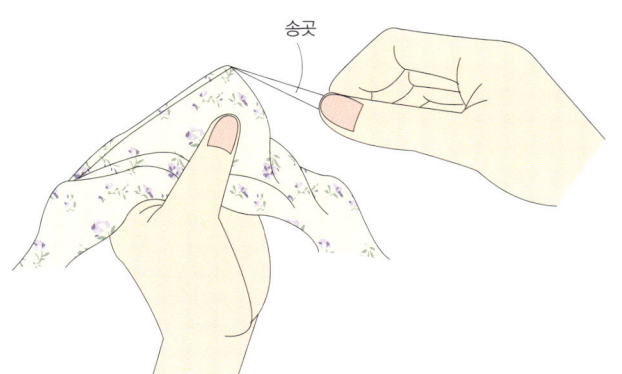

4. **겉으로 뒤집는다.**
입구를 통해 원단을 꺼내어 겉으로 뒤집는다. 모서리는 송곳으로 끌어내서 형태를 정돈한다. 단추를 달아 완성한다(18페이지 참조).

단춧구멍 만드는 방법

사뜨기(한쪽 끝을 둥글게 하는 경우)
단춧구멍을 만들 때 주로 사용되는 방법으로, 가로로 단춧구멍을 낼 때 사용한다. 실은 사뜨기 전용 실을 단춧구멍의 25~30배 정도 되는 길이로 사용한다.

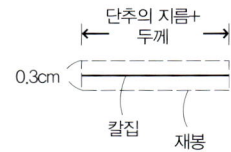

1 단추의 지름+두께를 잰다. 주위를 재봉틀로 박은 다음 중심에 칼집을 넣는다.

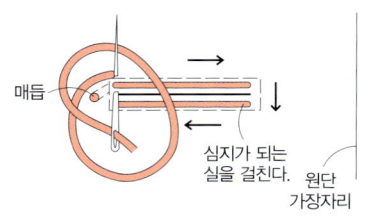

2 주위의 재봉땀 위로 실을 걸쳐서 그림처럼 사뜨기 시작한다.

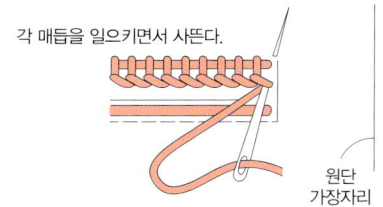

3 이것을 반복해서 한쪽 모서리까지 사뜬다.

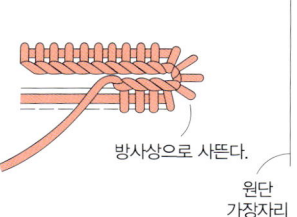

4 모서리에 오면 3~4땀 정도를 방사상으로 사떠서 반대쪽 모서리로 넘어간다.

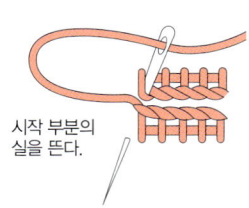

5 마찬가지 방법으로 반대쪽을 모두 사뜬 다음, 맨 처음에 사뜨기를 시작했던 땀을 떠서 마지막 바늘땀의 옆으로 바늘을 빼내고 실을 조인다.

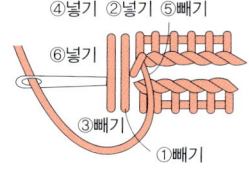

6 그림처럼 사뜨기의 폭에 맞추어 실을 평행하게 두 번 걸친다. 그 다음 그 실에 세로 방향으로 실을 두 번 걸친다.

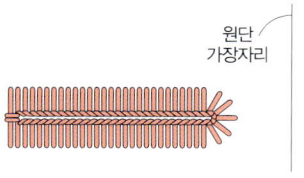

7 완성된 모습

DIY ITEM 04
손걸레

옛날에는 학교에서 손걸레를 만들어 제출하는 숙제가 있었다. 요즘에는 시중에서 쉽게 손걸레를 구입할 수 있지만 아이를 위해 핸드메이드 손걸레를 만들어보는 건 어떨까? 아이가 엄마의 애정을 듬뿍 느끼게 될 것이다.

A   B   C   D

재료

손수건 또는 페이스 타월 1장

세게 비벼서 빨게 되는 손걸레는 가장자리를 바느질해서 만들어준다.

만드는 방법

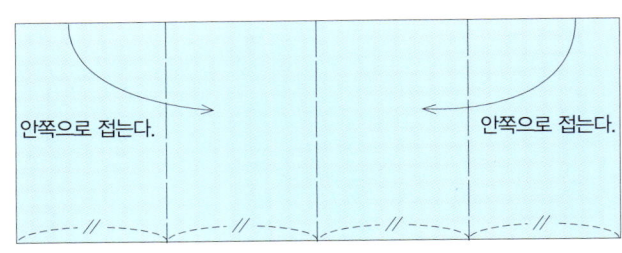

1 페이스 타월 또는 손수건을 준비한다. 타월의 양쪽 가장자리에 있는 딱딱한 부분은 잘라낸다.

2 양쪽 가장자리가 중심과 맞도록 접는다.

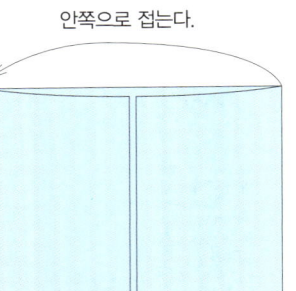

3 한 번 더 접는다.

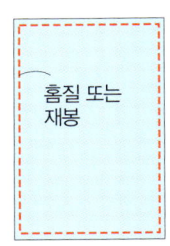

4 0.3~1cm 안쪽을 바느질한다(홈질 또는 재봉).

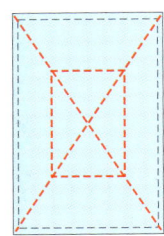

5 대각선으로 바느질한다. 안쪽을 한 번 더 직사각형으로 바느질한다(안쪽의 직사각형은 바느질하지 않아도 된다.). 마지막으로 네임 라벨을 달거나 이름을 수놓아 완성한다.

 수놓는 방법

글자 베끼기

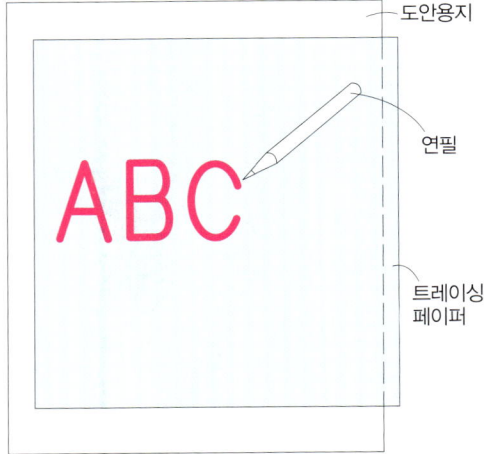

1 실물 크기 도안을 트레이싱 페이퍼에 베낀다. 진한 연필을 사용하면 연필심 가루가 손에 묻어서 원단을 더럽힐 수도 있으니 딱딱한 연필(2H 정도)을 사용한다.

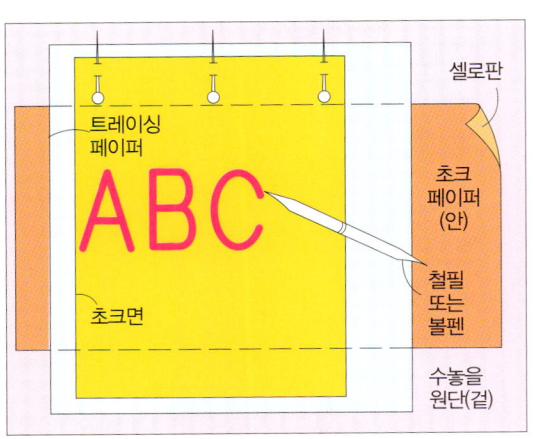

2 수놓을 원단의 겉쪽이 위로 가게 해서 올려놓은 다음 자수의 위치를 정한다. 초크가 묻어 있는 초크페이퍼의 면이 아래로 가게 해서 자수 위치에 맞추어 놓는다. 도안을 베낀 트레이싱 페이퍼와 셀로판을 겹쳐서 시침핀으로 고정한 다음 철필로 도안의 선을 베낀다.

25번 자수실 사용법

가는 실 6가닥이 꼬아져 있는 실이다. 원단, 도안 등에 따라 실의 가닥 수를 바꿔서 사용한다. 가는 실을 1가닥씩 빼낸 다음 필요한 가닥 수만큼 가지런히 모아서 사용한다.

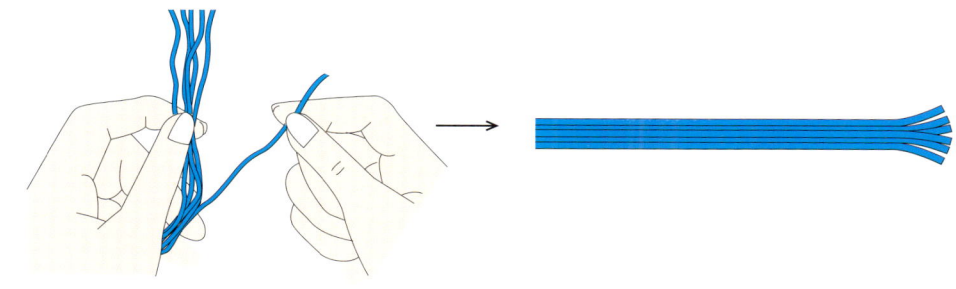

아웃라인 스티치(스템 스티치)

윤곽이나 꽃의 줄기를 수놓는 데 주로 사용되는 스티치로, 스티치의 길이에 따라 선의 굵기도 달라진다.

 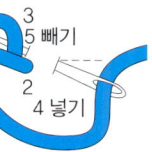 

체인 스티치

사슬 모양으로 이어지는 스티치. 실을 바늘에 걸 때는 항상 똑같은 방향에서 건다.

 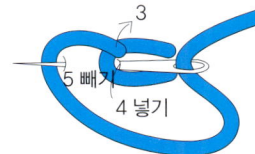 

ABCDEFGHIJKLMN
OPQRSTUVWXYZ

DIY ITEM 05
보자기 가방

멋스럽게 사용할 수 있는 보자기 가방이다.
바늘땀을 뜯어내면 다시 한 장의 천으로 되돌아가는 신기한 가방이다.
1대3의 비율로 디자인했기 때문에 원하는 크기로 만들어서 에코백이나 파우치로도 사용할 수 있다.

커다란 사이즈의 가방은 어깨에 멜 수도 있다.

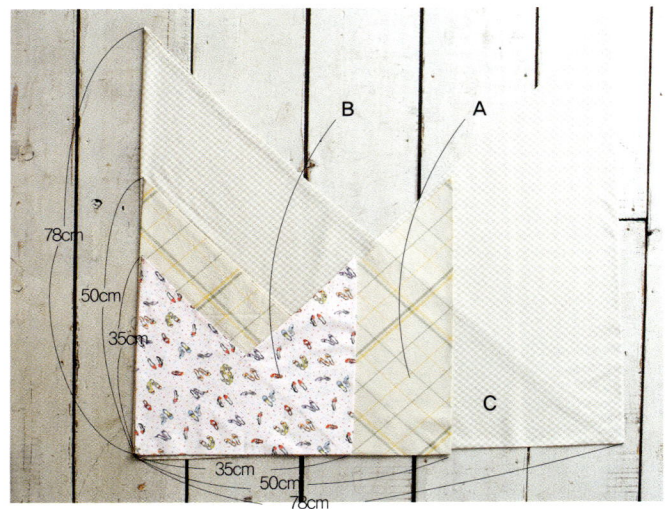

재료

A 겉감(코튼리넨) 40cm(폭)×1m 10cm
B 겉감(코튼) 30cm(폭)×80cm
C 겉감(코튼) 60cm(폭)×1m 70cm

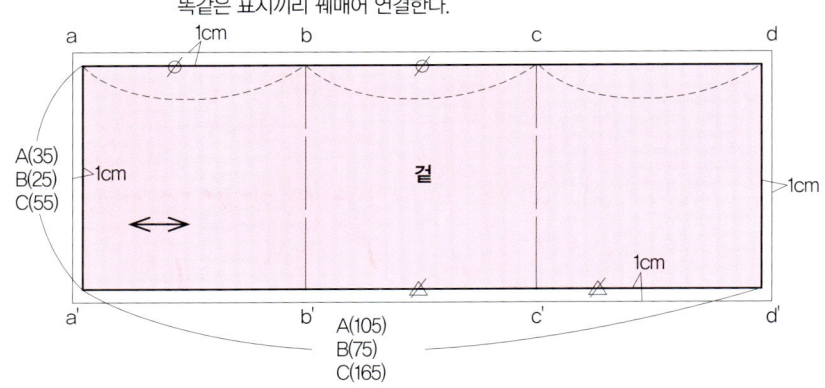

오른쪽의 접음선을 따라 겉끼리 맞대어 접는다.

접은 아래쪽 변을 꿰맨다. 시작 부분은 시접을 피해서 완성선을 따라 꿰매기 시작한다.

한쪽 변을 꿰맨 모습

d를 피해서 a를 c에 맞추어 접은 다음 위쪽 변을 시침핀으로 고정한다.

②와 마찬가지 방법으로 위쪽 변을 홈질한다.

양쪽 모서리를 잡는다.

a'd를 들어 올린다. 가방 형태로 된 모습

사진처럼 가방을 넘겨서 접는다.

시접을 넘긴다. 계속해서 꿰매지 않은 부분도 완성선을 따라 접는다.

한 번 더 시접을 안쪽으로 접은 다음 시침핀으로 고정한다.

시접이 움직이지 않도록 홈질한다.

완성된 모습

☆ 재봉틀로 만들 경우에는 시접에 지그재그 재봉을 해서 처리한다.

※ 여기서는 눈에 띄는 실을 사용했으나, 실제로 바느질할 때는 원단과 똑같은 색상이나 비슷한 색상의 실을 사용한다.

DIY ITEM 06
미니 에이프런

시중에 파는 키친 클로스를 사용해서 미니 에이프런을 만들어보자.
시접 처리를 할 필요가 없어서 간단하게 만들 수 있다.
똑같은 사이즈의 키친 클로스를 구할 수 없는 분들을 위해
일반 원단을 사용해서 만드는 방법도 함께 소개한다.

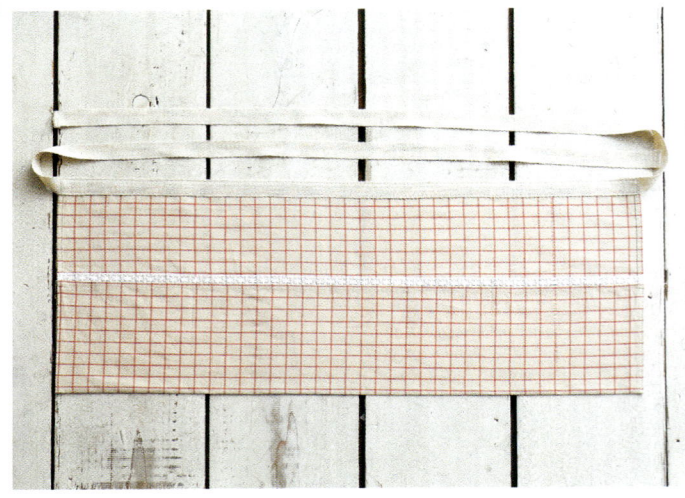

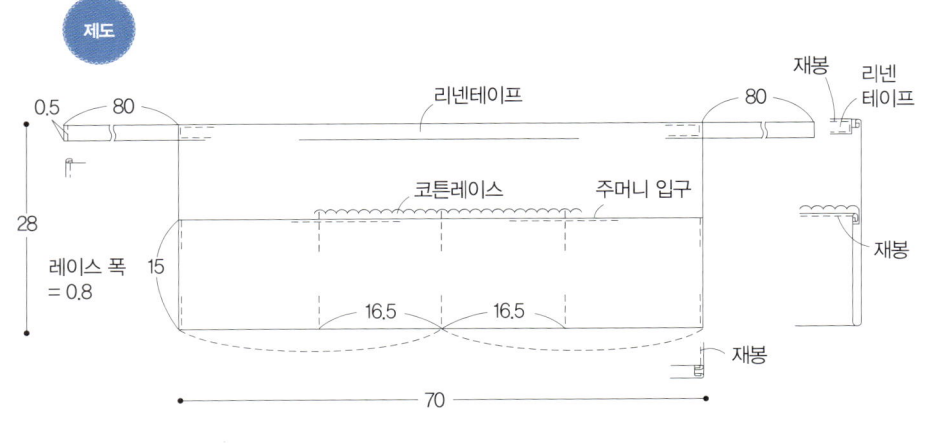

제도

재료
키친 클로스 70cm×43cm 1장
폭 2cm 리넨테이프 2m 40cm
폭 1.2cm 코튼레이스 70cm

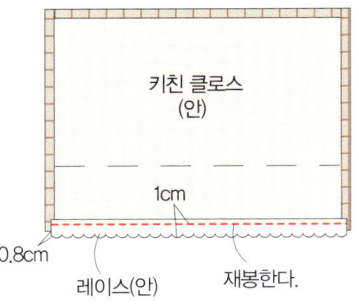

만드는 방법

1. 레이스를 단다.
겉에서 레이스가 0.8cm 정도 보이도록 키친 클로스의 안쪽에 레이스를 올려놓는다. 겉으로 뒤집은 다음 원단 가장자리에서 0.2cm 들어간 위치를 재봉한다.

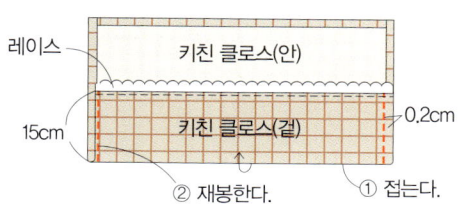

2 **주머니를 만든다.**
밑단을 접어 올리고 양옆에서 0.2cm 들어간 위치를 각각 재봉한다.

주머니의 중심과 중심에서 양옆으로 16.5cm 떨어진 위치를 각각 재봉한다.

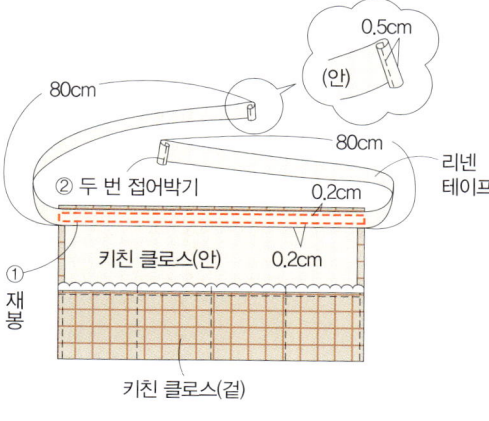

3 **리넨테이프를 재봉하여 단다.**
키친 클로스의 위쪽 가장자리에 맞춰서 리넨테이프를 올려놓는다. 리넨테이프의 위아래 가장자리에서 각각 0.2cm 들어간 위치를 재봉한다. 리넨테이프의 끝 부분은 접은 부분이 0.7cm가 되도록 두 번 접고, 0.5cm 들어간 부분을 재봉해서 완성한다.

키친 클로스가 없는 경우
적당한 크기의 키친 클로스가 없는 경우에는 일반 원단을 재단해서 만든다.

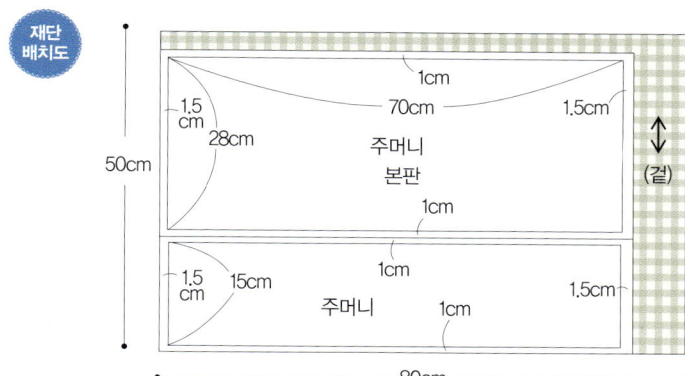

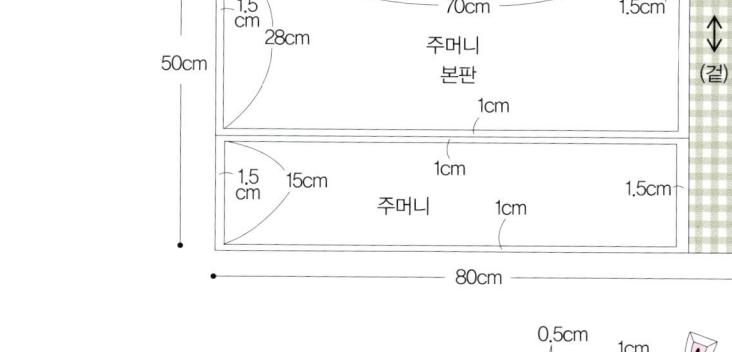

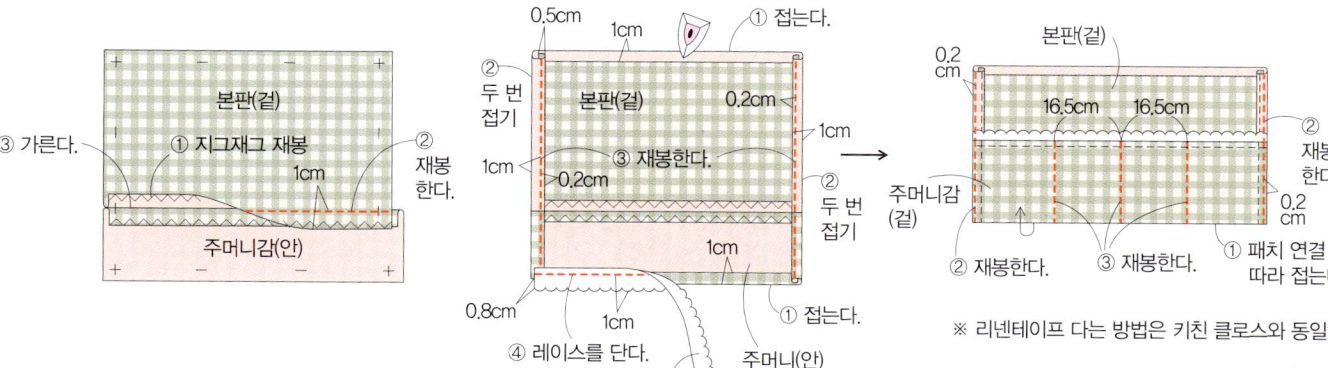

1 본판의 안과 주머니의 겉을 맞댄다. 맞댄 부분에서 1cm 들어간 위치를 재봉하고 시접을 가른다.

2 원단의 위아래 가장자리를 다리미로 접는다. 원단의 양옆은 두 번 접어 박은 다음 주머니 입구에 레이스를 단다.

3 패치 연결 부분을 따라 원단을 접어 올린 다음 양옆의 가장자리에서 0.2cm 들어간 위치를 재봉한다. 그 다음 주머니 위치를 재봉하여 완성한다.

※ 허리의 리넨테이프 다는 방법은 키친 클로스와 동일하다.

DIY ITEM 07
도시락 주머니 & 물병 주머니

도시락을 좋아하는 사람들에게 추천하는 도시락 세트이다. 바닥 부분을 접어 올리고 주머니의 옆선과 함께 재봉하기만 하면 간단히 만들 수 있다.
물병 주머니는 350~500ml 정도의 물병이 들어가도록 디자인했다.
똑같은 크기로 아이용도 만들 수 있다.

☆ 아이용 세트에는 끈이 잘 움직일 수 있도록 시중에 파는 스트링 면끈을 사용했다.

여아용 세트

남아용 세트

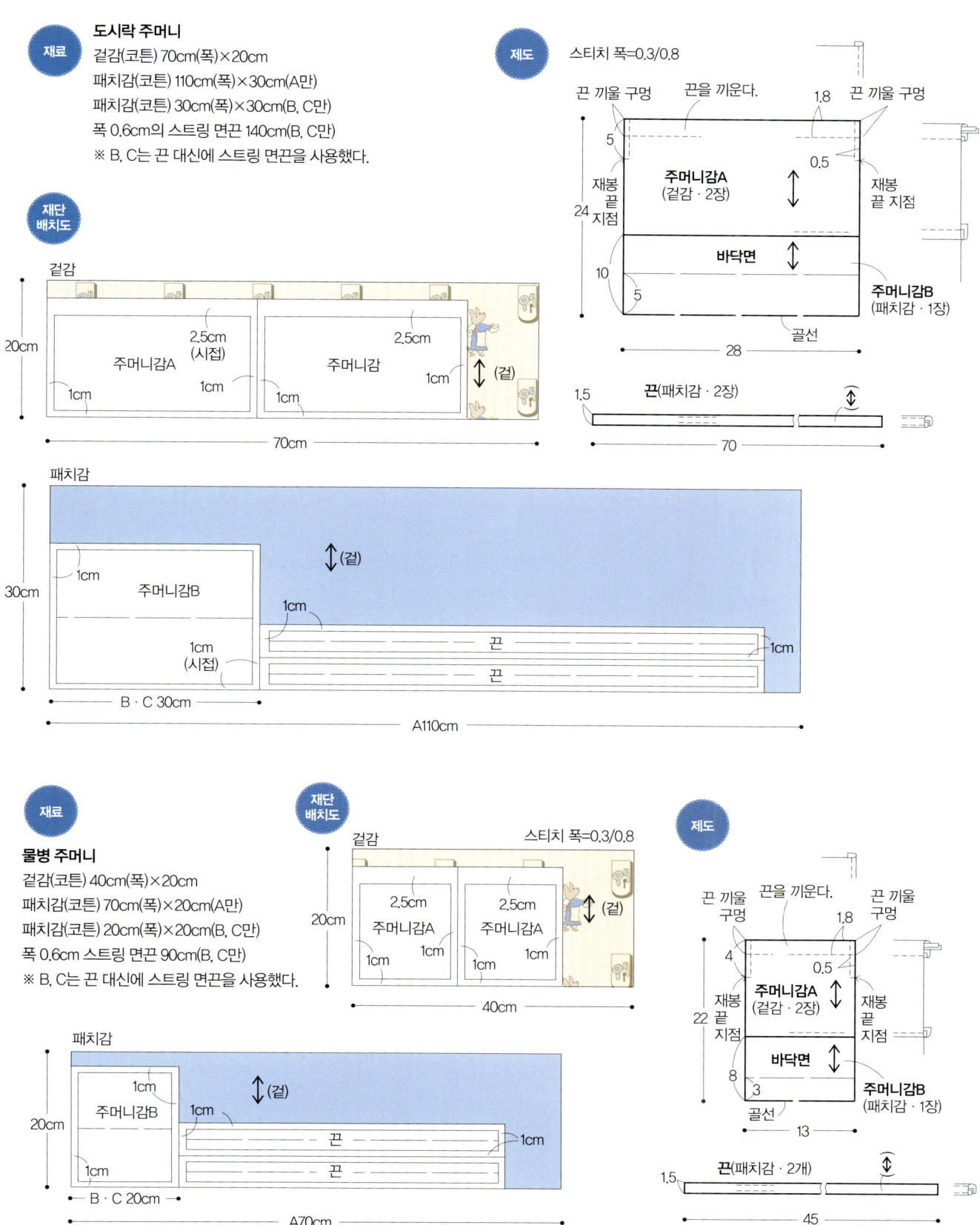

도시락 주머니 만드는 방법

1 주머니감A와 주머니감B를 재봉한다.

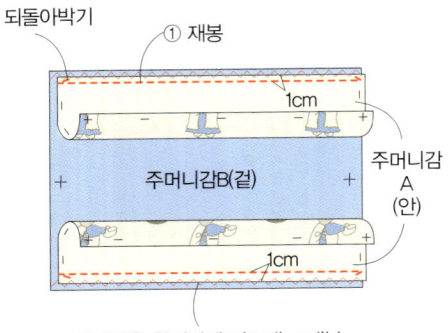

주머니감A(겉감)와 주머니감B(패치감)를 겉끼리 맞댄 다음 가장자리에서 1cm 들어간 위치를 재봉한다. 2장을 한꺼번에 시접 처리를 한다.

2 주머니감을 펼친다.

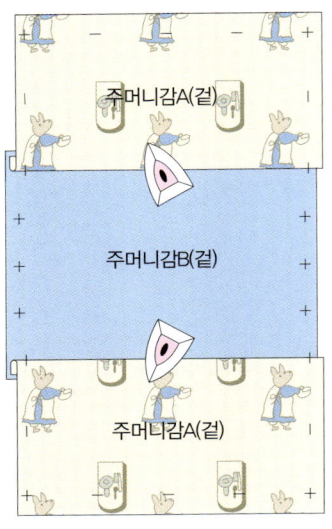

다림질을 해서 시접을 주머니감A 쪽으로 접는다.

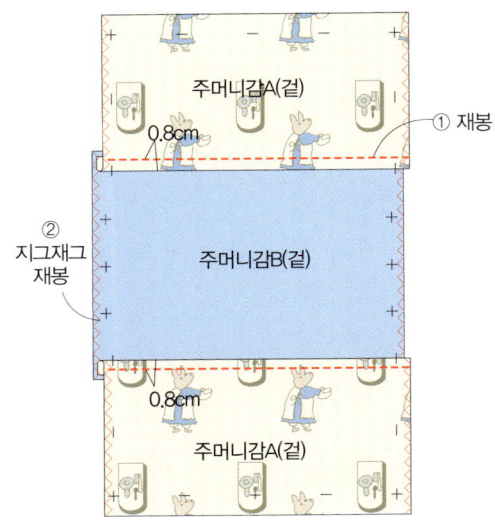

패치 연결 부분에서 주머니감A 쪽으로 0.8cm 들어간 위치를 재봉한다. 그 다음 옆선의 시접을 처리한다.

3 바닥면을 만든다.

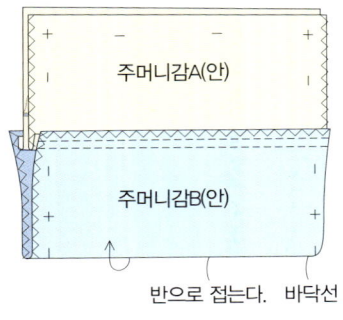

1 주머니감을 겉끼리 맞대어 반으로 접는다.

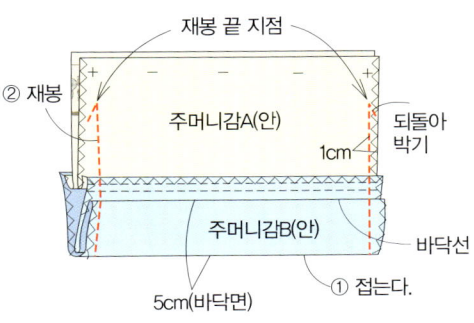

2 한 번 더 바닥면을 5cm 접어 올린 다음 재봉 끝 지점까지 박는다.

4 입구를 재봉한다.

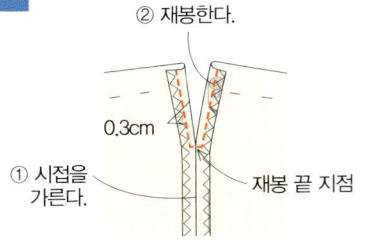

1 시접을 가른 다음 재봉 끝 지점까지 폭 0.3cm로 박는다.

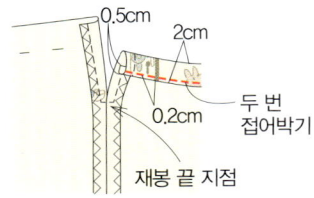

2 주머니감의 위쪽 가장자리를 다리미로 0.5cm 접은 다음 한 번 더 2cm를 접고, 접힌 부분의 가장자리를 재봉한다. 다른 쪽도 마찬가지 방법으로 재봉한다.

5 끈을 만든다.

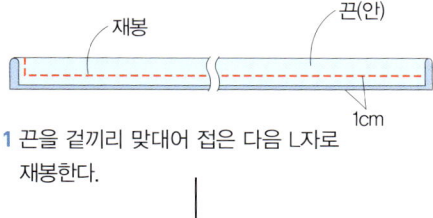

1 끈을 겉끼리 맞대어 접은 다음 L자로 재봉한다.

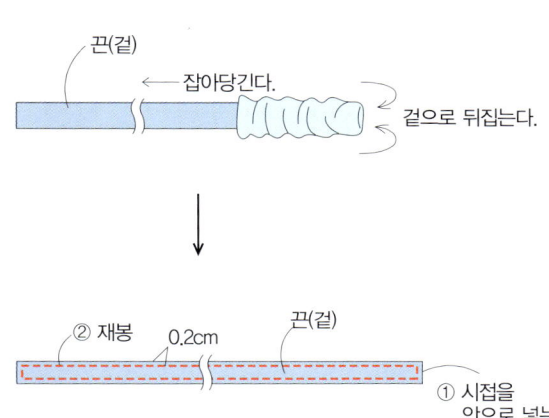

2 재봉하지 않고 남겨둔 부분을 통해 겉으로 뒤집는다. 형태를 정돈하고 주위를 재봉한다.

6 끈을 끼운다.

⑤에서 만든 끈을 끼운 다음 끝 부분을 한꺼번에 묶는다.
다른 끈은 반대쪽에서부터 끈을 끼워서 완성한다.

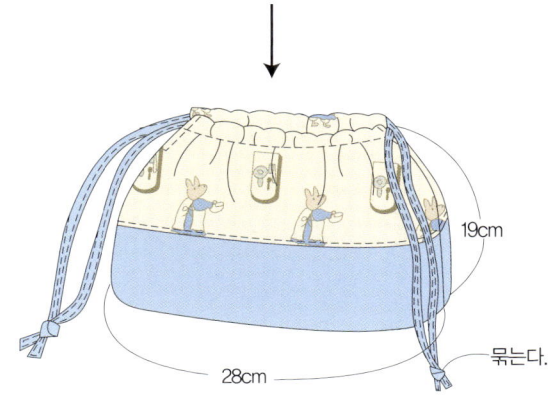

물병 주머니 만드는 방법

바닥의 치수만 다를 뿐 그 외의 만드는 방법은 도시락 주머니와 동일하다.

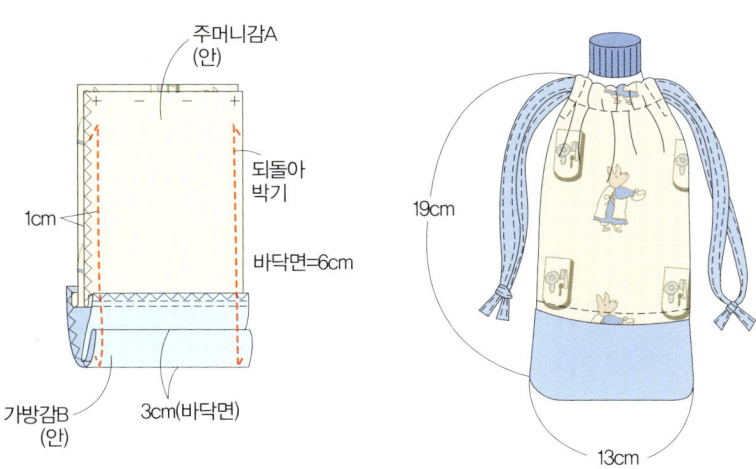

바닥면을 3cm 접어 올린 다음 옆선에서 1cm 들어간 위치를 재봉 끝 지점까지 박는다.
끈을 끼워서 완성한다.

DIY ITEM 08
유치원 가방

아이가 유치원에 갈 때 꼭 필요한 가방을 만들어보자.
사용하기 쉽도록 바닥면을 만들지 않은
심플한 스타일이다. A4 사이즈로 만들어서
실용적이기도 하지만 바깥쪽에 주머니를 달아서
자주 쓰는 물건을 쉽게 넣고 꺼낼 수 있도록 했다.

실물 크기
패턴 B

재료

겉감(코튼) 70cm(폭)×70cm
패치감(코튼) 30cm(폭)×20cm
※ 여기서는 눈에 띄는 실을 사용했으나, 실제로 바느질할 때는 원단과 똑같은 색상이나 비슷한 색상의 실을 사용한다.

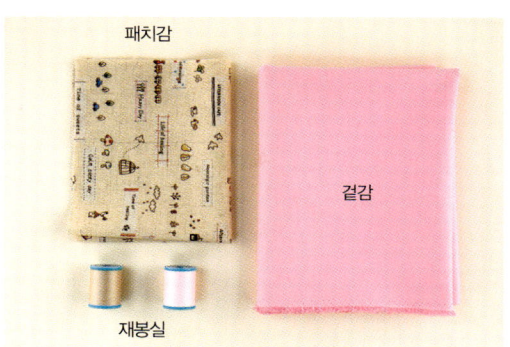

만드는 방법

재단 & 표시하기

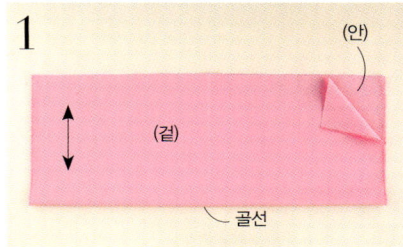

원단을 안끼리 맞대어 반으로 접는다.

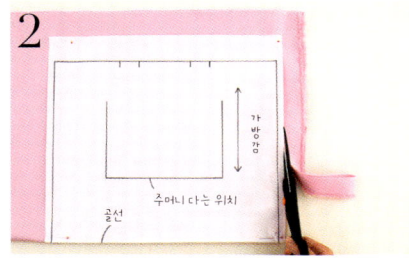

가방감의 패턴을 골선에 맞춰서 올려놓은 다음 시침핀으로 고정해서 1장을 재단한다.

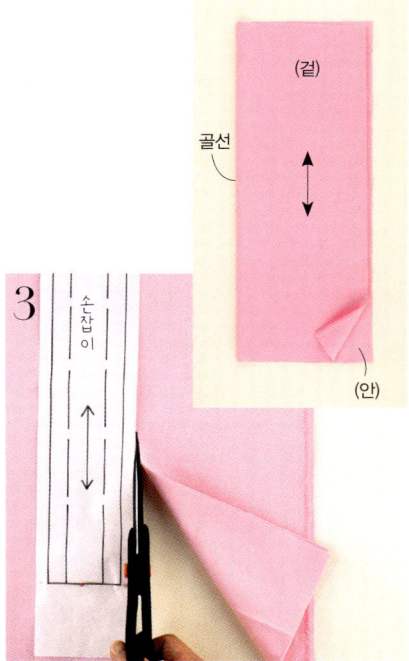

원단을 펼쳐서 다시 접은 다음 손잡이를 2장 재단한다.

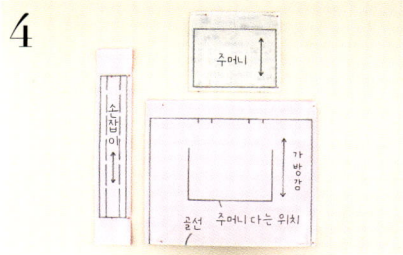

마찬가지 방법으로 주머니를 1장 재단한다.

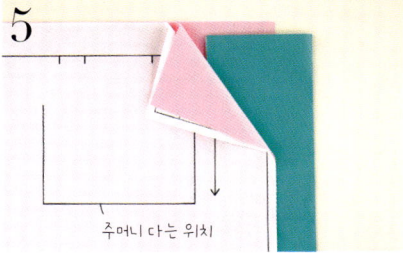

원단의 안쪽 면에 표시를 할 수 있도록 초크페이퍼를 원단 사이에 끼운다.

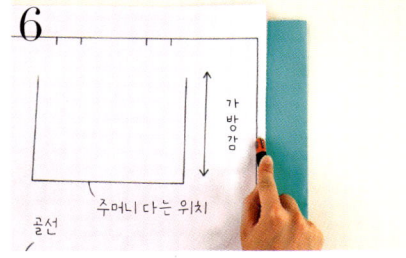

패턴의 완성선을 룰렛으로 베껴서 표시를 한다.

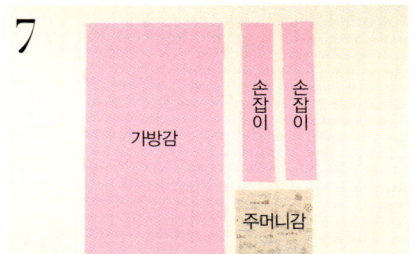

다른 부분에도 마찬가지 방법으로 표시를 한다.

시접 처리

1 가방감의 옆선을 지그재그 재봉으로 박는다.

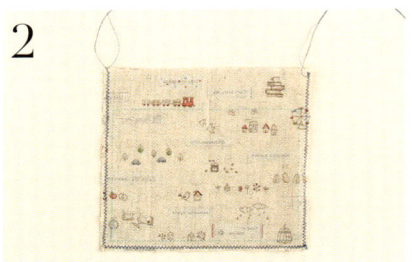

2 주머니감은 입구 쪽만 남기고 지그재그 재봉으로 박는다.

손잡이 만들기

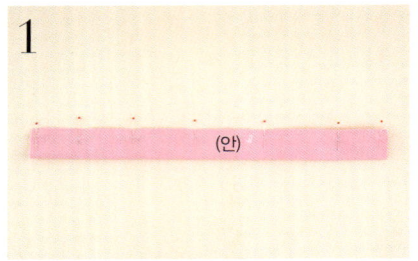

1 손잡이의 겉끼리 맞대어 반으로 접은 다음 시침핀으로 고정한다.

2 완성선을 재봉한다.

3 바늘땀이 손잡이의 중심에 오도록 다림질을 해서 시접을 가른다.

4 끝 부분을 통해 겉으로 뒤집는다.

5 다리미로 형태를 정돈한다.

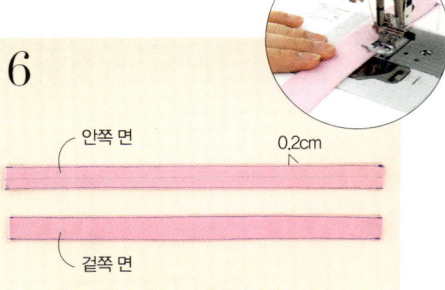

6 가장자리에서 0.2cm 들어간 위치에 스티치를 한다.

주머니 만들어 달기

1

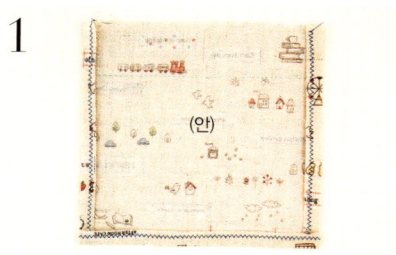

주머니 입구를 제외한 나머지 완성선을 다림질해서 안쪽으로 접는다.

2

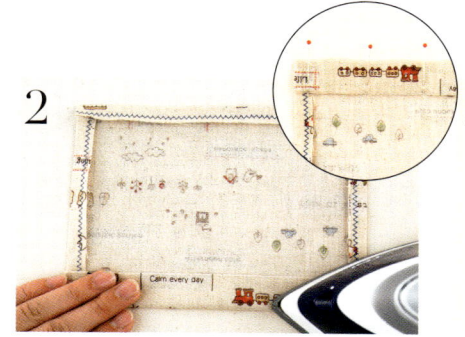

주머니 입구를 두 번 접은 다음 시침핀으로 고정한다.

3

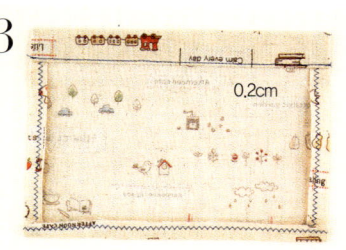

가장자리에서 0.2cm 들어간 위치를 재봉틀로 박는다.

4

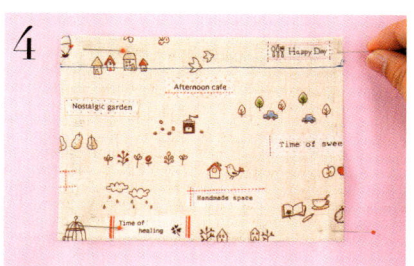

가방감의 주머니 다는 위치에 주머니를 올려놓고 시침핀으로 고정한다.

5

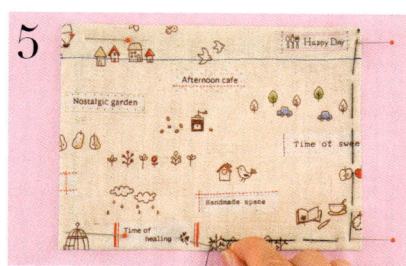

시침실로 주머니 주위를 꿰매어 고정한다.

6

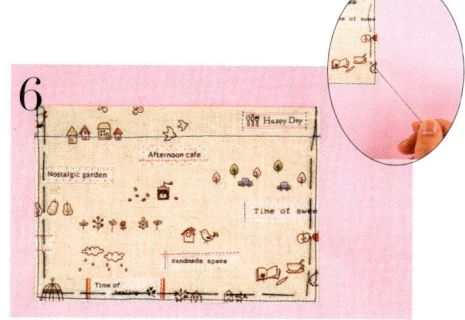

주머니의 가장자리에서 0.2cm 들어간 위치를 재봉틀로 박은 다음 시침실을 제거한다.

가방감 재봉하기

1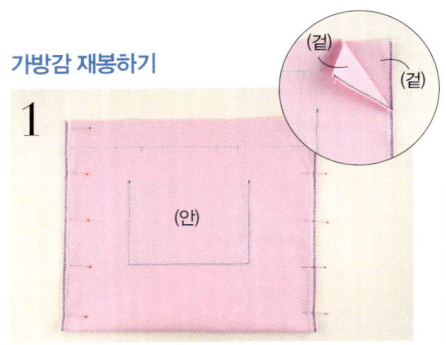

가방감을 겉끼리 맞댄 다음 옆선을 시침핀으로 고정한다.

2

양옆의 완성선을 재봉틀로 박는다.

3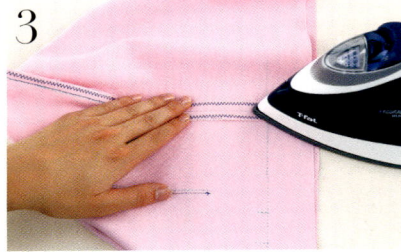

옆선의 시접을 가를 수 있는 부분까지 가른다.

손잡이 달기

1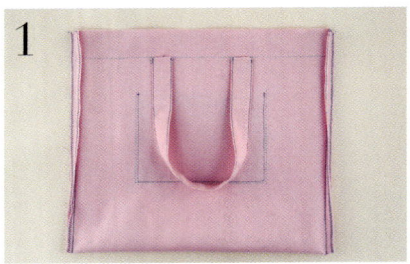

손잡이를 겉쪽이 위로 가게 해서 달아줄 위치에 올려놓는다.

2

시침실로 손잡이를 꿰매어 고정한다.

3

가방감의 입구를 1cm 접어 올린다.

손잡이를 끼우듯이 해서 시접을 완성선을 따라 접어 올린 다음 시침핀으로 고정한다.

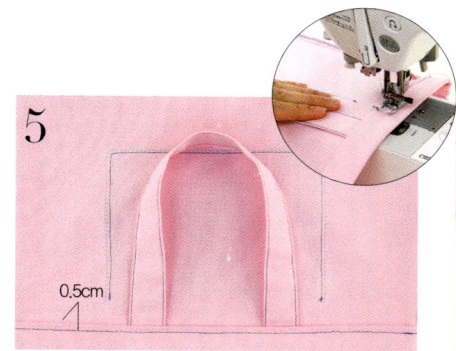

접단의 가장자리에서 0.5cm 들어간 위치를 재봉틀로 박는다.

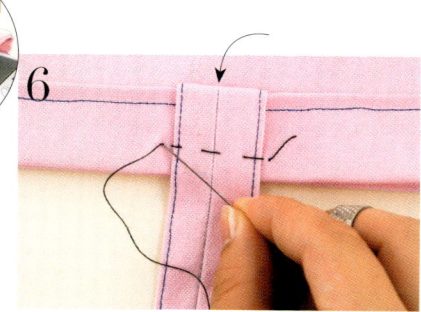

손잡이를 반대쪽으로 접어 올린 다음 시침실로 꿰매어 고정한다.

가방감을 겉으로 뒤집은 다음 모서리를 송곳으로 꺼낸다.

가방감 입구의 가장자리에서 0.2cm 들어간 위치를 재봉틀로 박는다. 이때 손잡이도 함께 재봉한다.

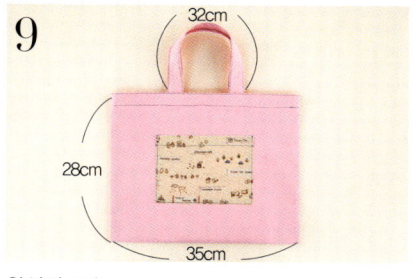

완성된 모습

DIY ITEM 09
북 커버

문고본 사이즈의 북 커버이다. 손잡이가 달려서 언뜻 보면 가방 같기도 하다. 외출할 때 들고 다닐 수도 있어 좋다.

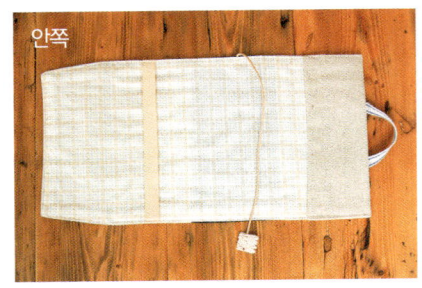
안쪽

재료

겉감(코튼리넨) 40cm(폭)×20cm
패치감(코튼) 10cm(폭)×20cm
안감(코튼) 40cm(폭)×20cm
폭 1cm 리넨테이프 70cm
폭 0.8cm 공단테이프 20cm
굵기 0.2cm 스트링 고무줄 21cm
폭 1cm 레이스 5cm

제도

본판

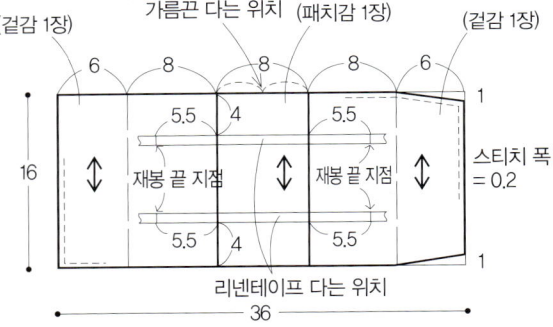
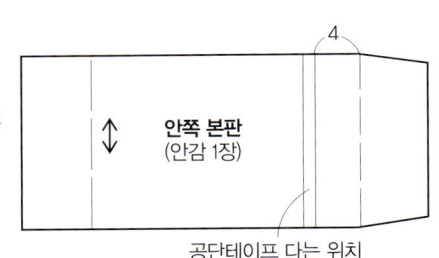

재단 배치도

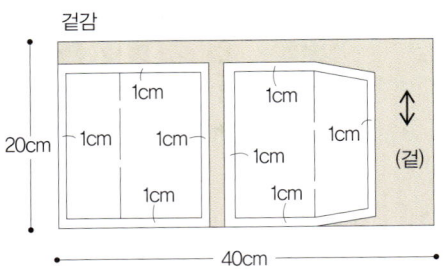
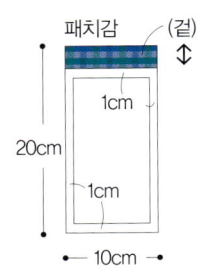
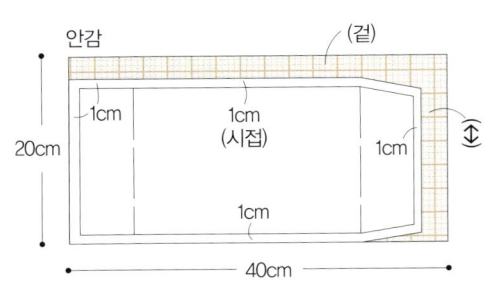

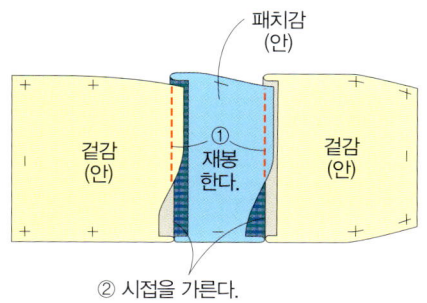
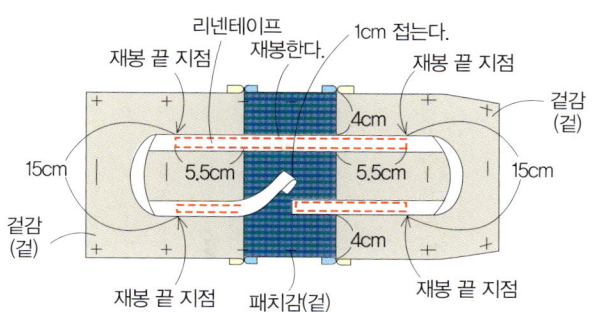

1 겉면을 만든다.
겉감과 패치감을 겉끼리 맞대어 재봉한 다음 시접을 가른다.

2 손잡이를 단다.
겉감의 겉쪽에 손잡이로 쓸 리넨테이프를 재봉하여 단다. 마지막의 가장자리는 1cm를 접은 다음 처음 부분의 리넨테이프에 겹쳐서 재봉한다.

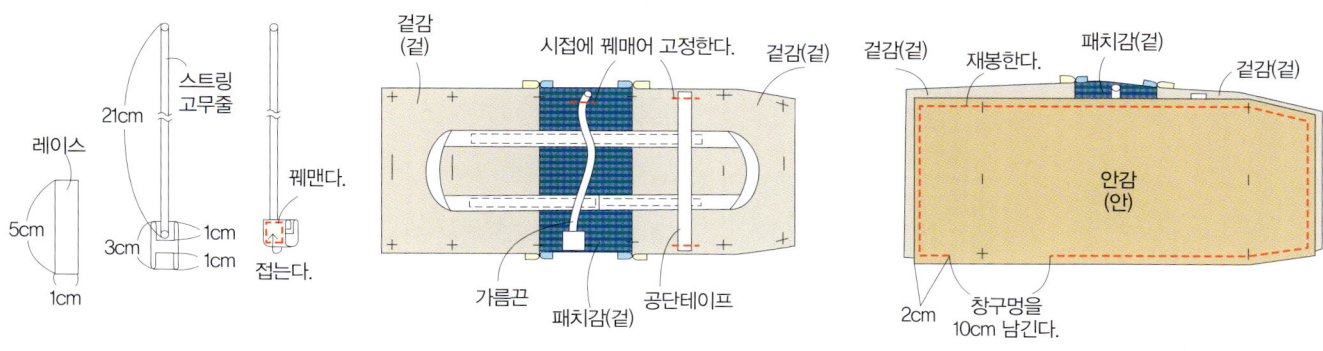

3 가름끈을 만든다.
레이스의 양끝을 1cm씩 접는다. 스트링 고무줄을 끼우고 한 번 더 반으로 접은 다음 주위를 꿰맨다.

4 가름끈과 공단테이프를 고정한다.
가름끈과 공단테이프를 각각의 다는 위치에 올려놓은 다음 시접에 시침실로 고정한다.

5 주위를 재봉한다.
겉감과 안감을 겉끼리 맞댄 다음 창구멍을 10cm 남기고 완성선을 따라 한 바퀴 빙 둘러 재봉한다.

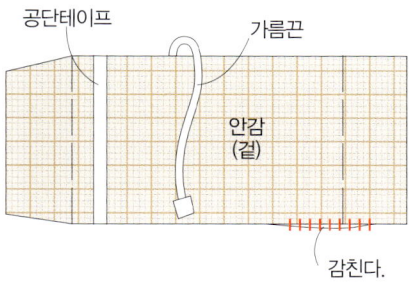
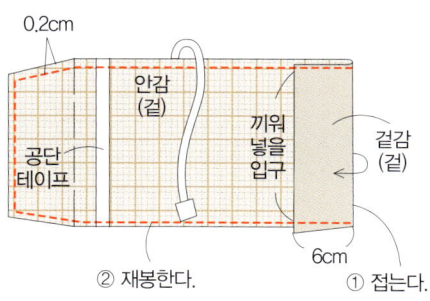
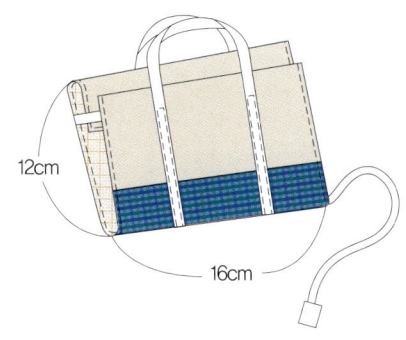

6 겉으로 뒤집는다.
창구멍을 통해 겉으로 뒤집는다. 다리미로 형태를 정돈한 다음 창구멍을 감친다.

7 책을 끼워 넣을 입구를 만든다.
책을 끼워 넣을 수 있도록 오른쪽 끝 부분의 6cm를 안감 쪽으로 접는다. 가장자리에서 0.2cm 들어간 위치를 재봉하여 책을 끼워 넣을 입구를 고정한다.

DIY ITEM 10
냄비 장갑

타원형의 냄비 장갑은 손을 넣어서 사용할 수도 있고 그대로 사용할 수도 있어 좋다. 손에 딱 맞는 앙증맞은 사이즈의 냄비 장갑을 만들어보자.

실물 크기
패턴 A

 재료 (1개분)

겉감 40cm(폭)×60cm
퀼팅솜 20cm(폭)×30cm
폭 1cm 바이어스테이프 1m

 재단 배치도

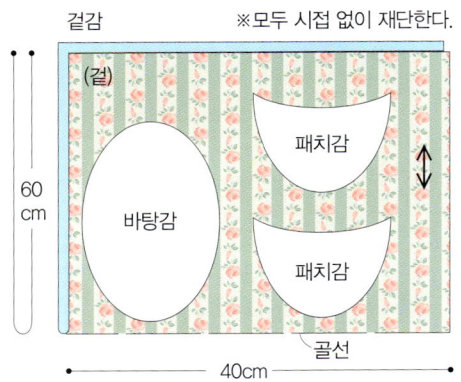

겉감
※모두 시접 없이 재단한다.
(겉)
바탕감
패치감
패치감
60cm
40cm
골선

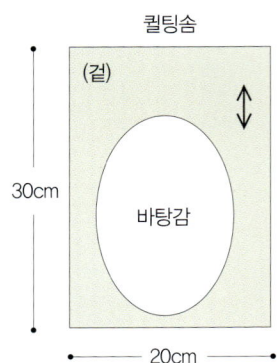

퀼팅솜
(겉)
바탕감
30cm
20cm

1 패치감을 만든다.

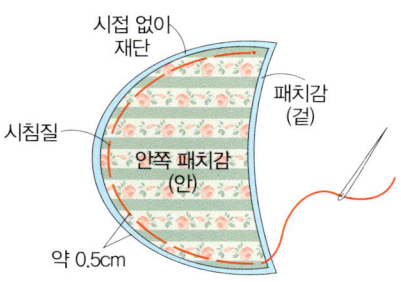

1 겉쪽 패치감과 안쪽 패치감을 안끼리 맞댄 다음 가장자리에 시침질을 한다.

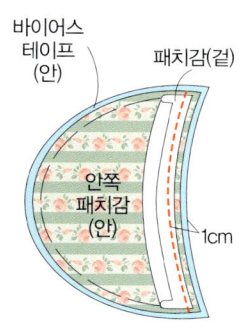

2 손 넣을 입구에 바이어스테이프의 겉쪽 면을 맞대고 가장자리에서 1cm 들어간 위치를 꿰맨다.

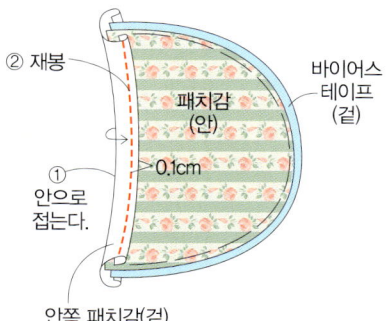

※마찬가지 방법으로 하나 더 만든다.

3 바이어스테이프를 안쪽 패치감 쪽으로 접은 다음 가장자리에서 0.1cm 들어간 위치를 꿰맨다.

2 바탕감을 만든다.

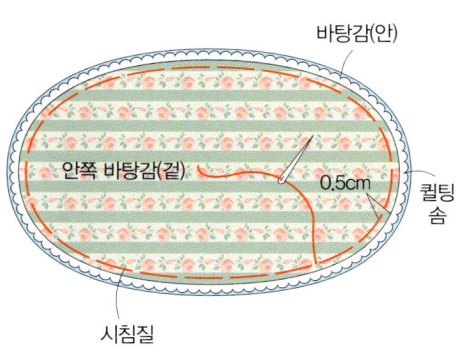

1 겉쪽 바탕감과 안쪽 바탕감 사이에 퀼팅솜을 끼워 넣은 다음 주위에 시침질을 한다.

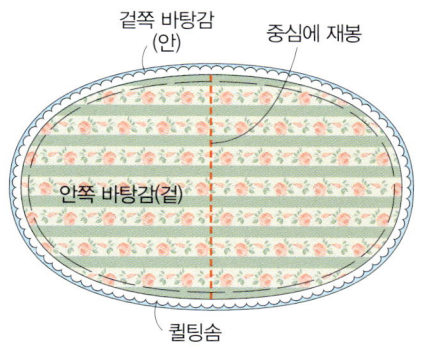

2 3장이 한꺼번에 꿰매지도록 해서 바탕감의 중심을 꿰맨다.

3 바탕감과 패치감을 맞댄다.

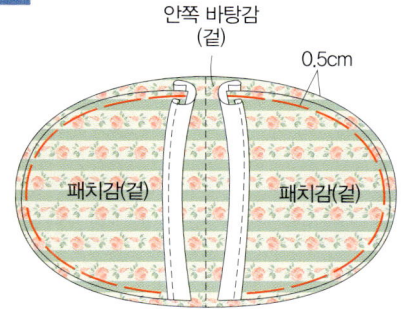

1 안쪽 바탕감 위에 패치감을 겹쳐놓고 주위에 시침질을 한다.

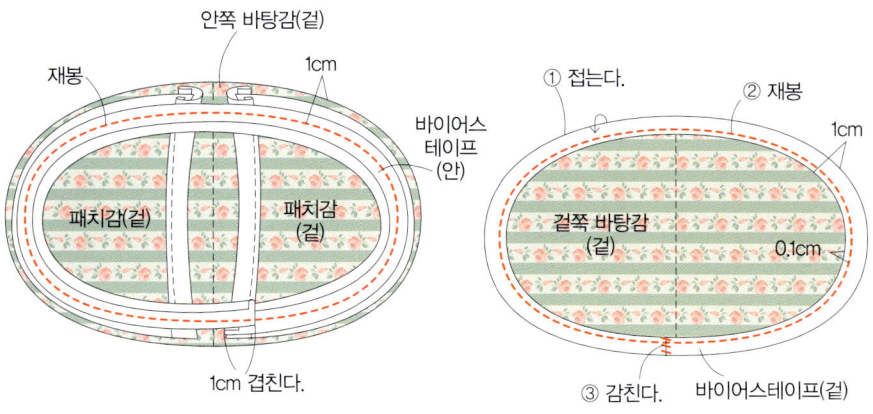

2 패치감과 바이어스테이프의 겉쪽 면을 한 바퀴 빙 둘러 맞댄 다음 가장자리에서 1cm 들어간 위치를 꿰맨다. 바이어스테이프는 1cm 정도 겹친다.

3 바이어스테이프를 겉쪽 바탕감 쪽으로 접은 다음 바이어스테이프의 가장자리에서 0.1cm 들어간 위치를 꿰맨다.

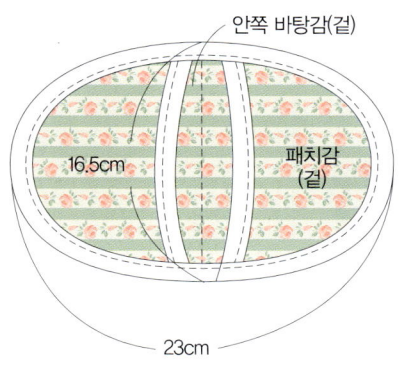

DIY ITEM 11
사각 파우치

통통하고 귀여운 사각 파우치. 언뜻 보면 만들기 어려워 보이지만, 지퍼 달기만 성공하면 양옆만 꿰매면 되기 때문에 매우 간단히 만들 수 있는 파우치이다.

재료 (1개분)
겉감(코튼리넨) 30cm(폭)×40cm
안감(코튼) 30cm(폭)×40cm
길이 20cm 지퍼 1개
폭 2cm 레이스 50cm
폭 0.8cm 바이어스테이프 10cm

제도

레이스 폭=2   0.5   지퍼
              0.3
파우치감   레이스   0.5cm
16   레이스 안감
     겉감
     안감 각 1장
           골선
            21

재단 배치도

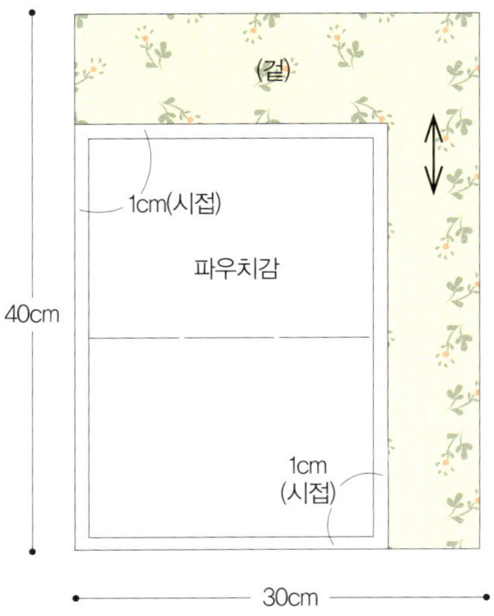

겉감·안감
(겉)
1cm(시접)
파우치감
40cm
1cm(시접)
30cm

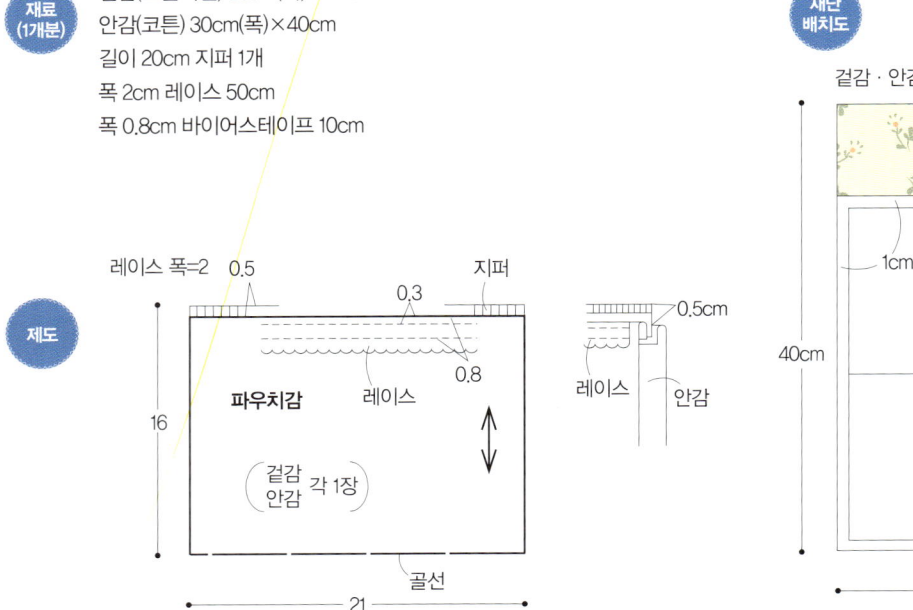

1 겉쪽 파우치감에 지퍼를 단다.

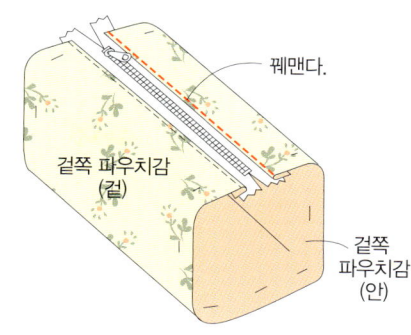
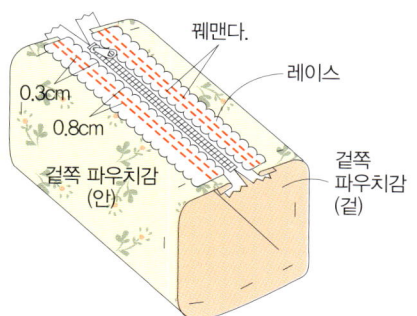

1 입구를 안쪽으로 1cm 접는다. 겉쪽 파우치감 밑에 지퍼를 놓고 접힌 부분의 가장자리에서 0.2cm 들어간 위치를 꿰맨다.

2 다른 쪽도 마찬가지 방법으로 지퍼를 단다.

3 겉쪽 파우치감의 가장자리에 레이스를 맞댄 다음 그림처럼 가장자리에서 0.3cm와 0.8cm 들어간 위치를 꿰맨다.

2 안쪽 파우치감을 만든다.

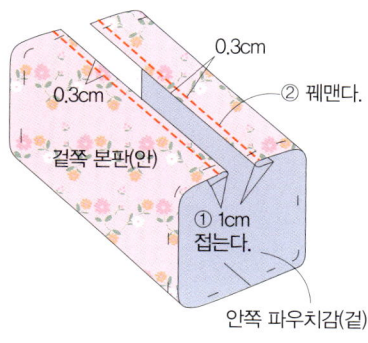

입구를 안쪽으로 1cm 접은 다음 접힌 부분의 가장자리에서 0.3cm 들어간 위치를 꿰맨다.

3 겉쪽 파우치감과 안쪽 파우치감을 맞댄다.

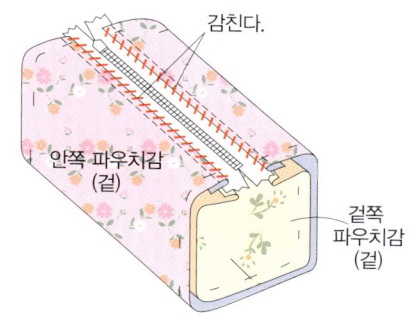

겉쪽 파우치감을 뒤집어 안쪽 파우치감으로 감싼 다음 안쪽 파우치감을 지퍼의 바탕감에 감친다.

4 옆선을 꿰맨다.

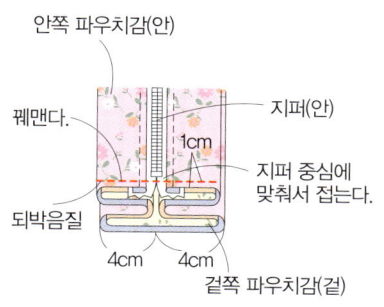

1 바닥 중심을 지퍼 중심에 맞춘다. 그림처럼 접은 다음 한데 모아서 꿰맨다.

2 바이어스테이프로 시접 처리를 한다.

5 완성된 모습

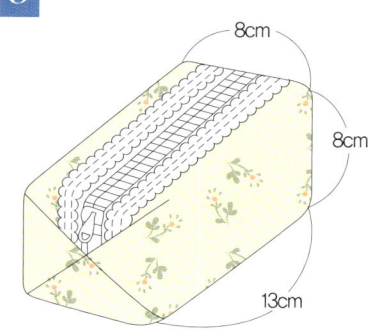

겉으로 뒤집어서 완성한다.

DIY ITEM 12
곰 인형

플리스 원단으로 만든 귀여운 곰 인형은 아이가 가지고 놀기에 좋은 사이즈이다.
몸통, 머리 등 따로 만들어야 할 부분을 최소화해서 초보자도 쉽게 만들 수 있도록 디자인했다.
몸통에는 적당히, 머리 부분에는 빽빽하게 솜을 넣으면 깔끔하게 완성할 수 있다.

실물크기
패턴 B

재료 (1개분)

겉감(플리스) 60cm(폭)×20cm
기둥 있는 단추
1cm 1개, 0.8cm 2개
봉제인형용 바늘
방울솜
두꺼운 종이 약간

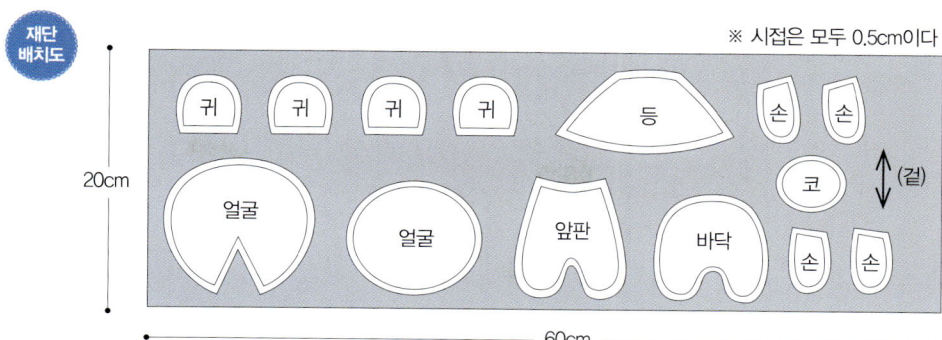

※ 시접은 모두 0.5cm이다

1 귀를 만든다.

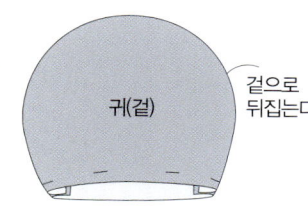

1 겉끼리 맞댄 다음 창구멍을 제외하고 가장자리에서 0.5cm 들어간 위치를 꿰맨다.

2 겉으로 뒤집어서 형태를 정돈한다.

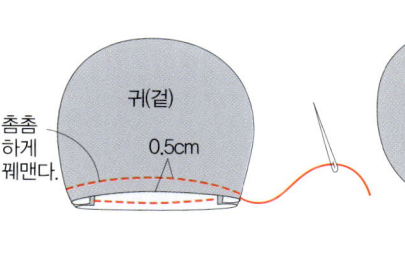

3 가장자리에서 0.5cm 들어간 위치를 한 바퀴 빙 둘러 촘촘하게 홈질한다.

4 시접을 안으로 넣으면서 폭이 2cm가 되도록 실을 잡아당긴다.

2 코를 만든다.

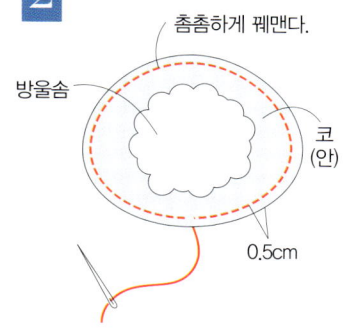

1 가장자리에서 0.5cm 들어간 위치를 한 바퀴 빙 둘러 촘촘하게 홈질한 다음 방울솜을 적당히 올려놓는다.

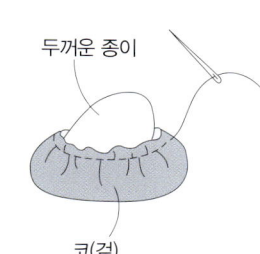

2 실을 잡아당기면서 두꺼운 종이를 넣은 다음 매듭을 짓는다.

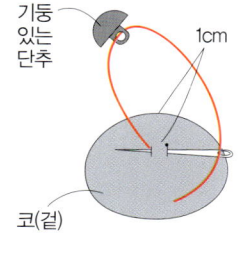

3 가장자리에서 1cm 들어간 위치에 기둥 있는 단추를 단다.

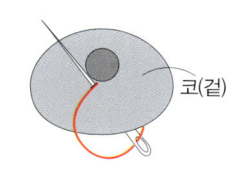

4 그림처럼 그대로 실을 걸쳐서 입을 만든다.

3 손을 만든다.

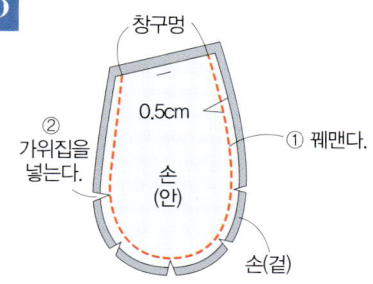

1 겉끼리 맞댄 다음 창구멍을 제외하고 가장자리에서 0.5cm 들어간 위치를 꿰맨다.

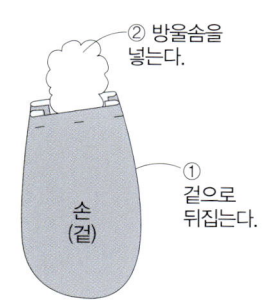

2 겉으로 뒤집어서 방울솜을 적당히 넣는다.

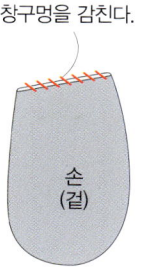

3 시접을 안으로 넣고 창구멍을 감친다.

4 얼굴을 만든다.

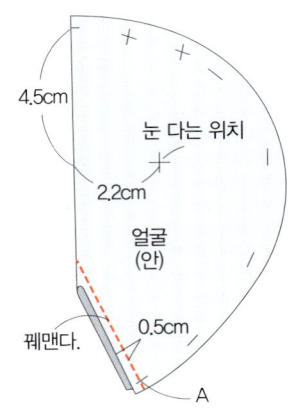

1 겉쪽이 안으로 들어가도록 중심에서 반으로 접은 다음 A의 위치를 맞대고 다트를 꿰맨다.

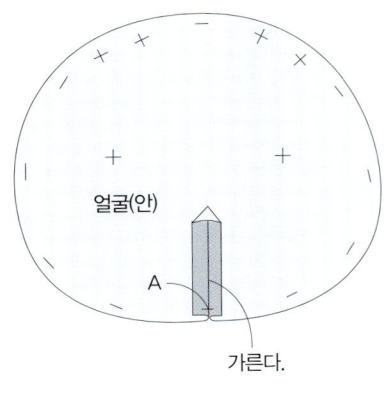

2 시접을 가른다.

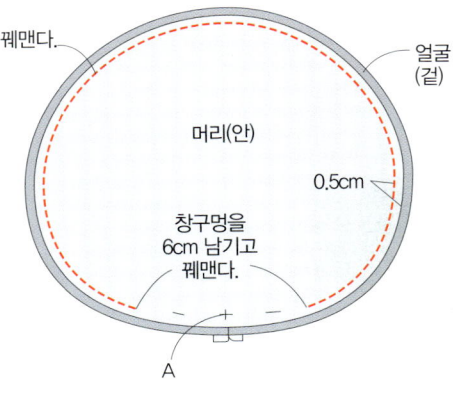

3 얼굴과 머리를 겉끼리 맞댄 다음 창구멍을 6cm 남기고 가장자리에서 0.5cm 들어간 위치를 꿰맨다.

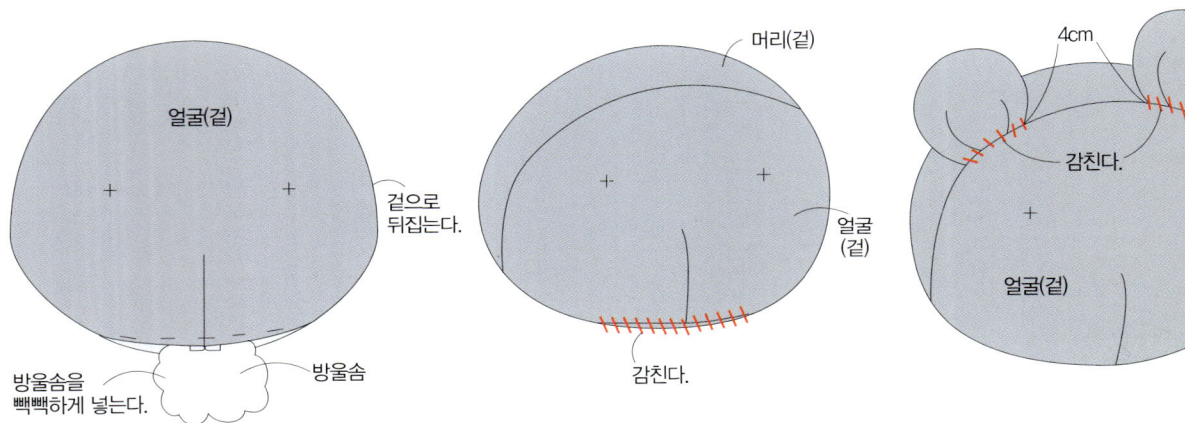

4 겉으로 뒤집은 다음 창구멍을 통해 방울솜을 빽빽하게 넣는다.

5 시접을 안으로 넣고 창구멍을 감친다.

6 얼굴과 머리를 연결한 바늘땀에 귀를 맞대고 감친다.

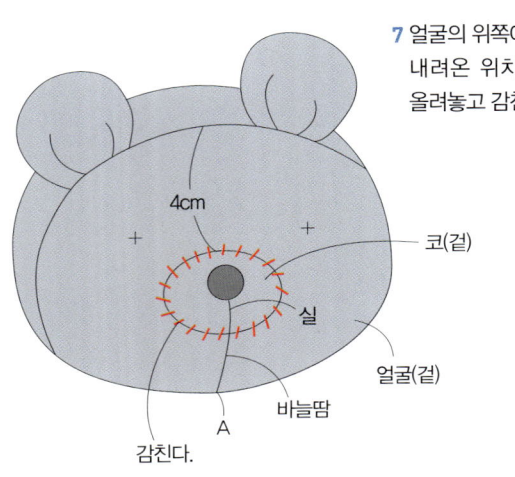

7 얼굴의 위쪽에서 4cm 내려온 위치에 코를 올려놓고 감친다.

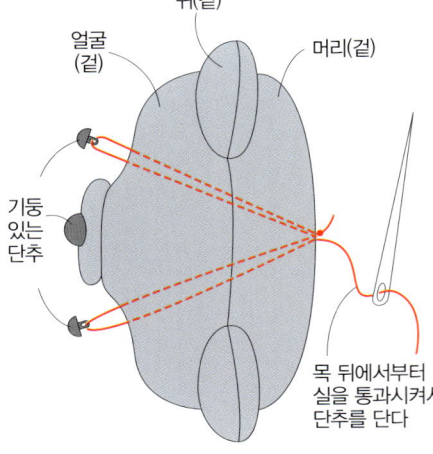

8 머리의 뒤(목의 위치)에 바늘을 넣은 다음 눈 다는 위치에서 빼낸다. 기둥 있는 단추를 끼우고 다시 목 뒤쪽으로 실을 빼내서 잡아당긴다. 마찬가지 방법으로 다른 쪽 단추도 단다.

5 몸통을 만든다.

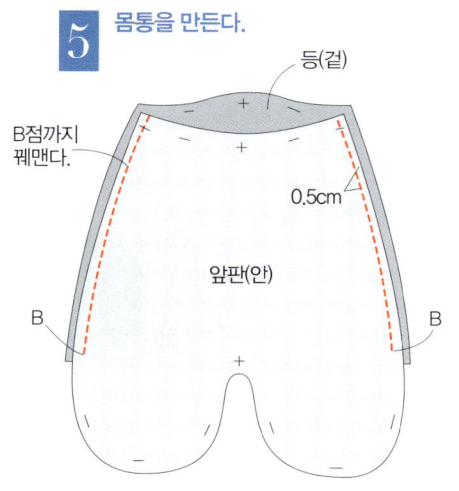

1 B점이 겹치도록 앞판과 등을 겉끼리 맞대어 B점까지 꿰맨다.

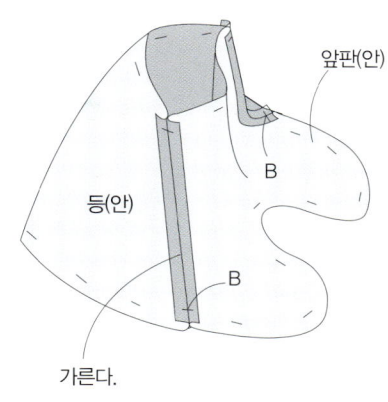

2 시접을 가른다.

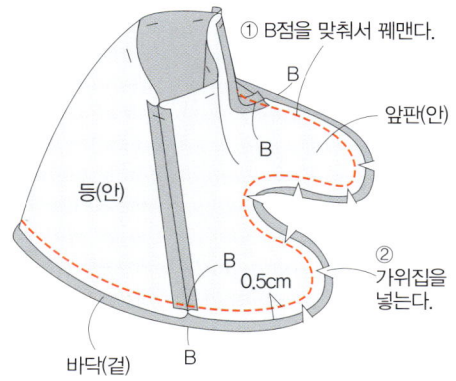

3 B점이 겹치도록 바닥과 2를 겉끼리 맞댄 다음 가장자리에서 0.5cm 들어간 위치를 한 바퀴 빙 둘러 꿰맨다.

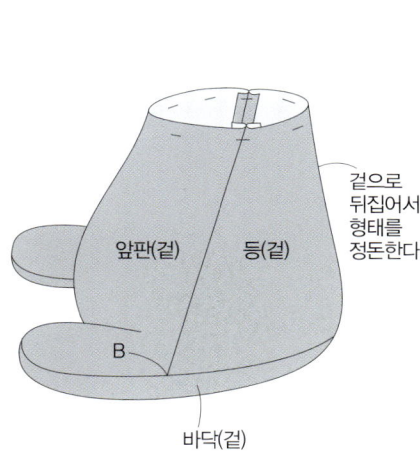

4 겉으로 뒤집어서 형태를 정돈한다.

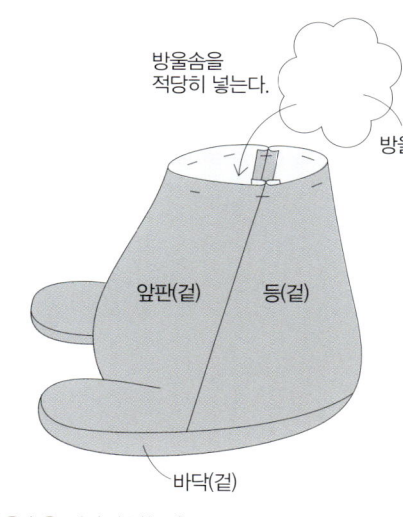

5 방울솜을 적당히 넣는다.

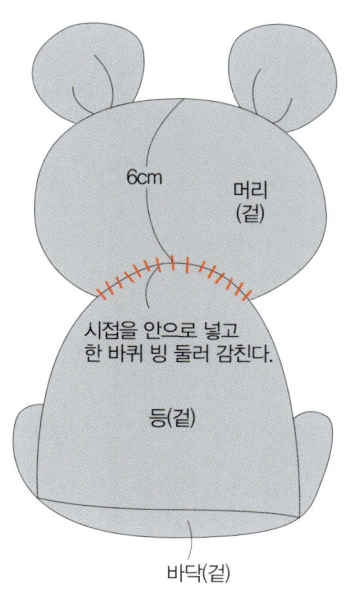

6 몸통에 머리를 올려놓고 시접을 안으로 넣으면서 한 바퀴 빙 둘러 감친다.

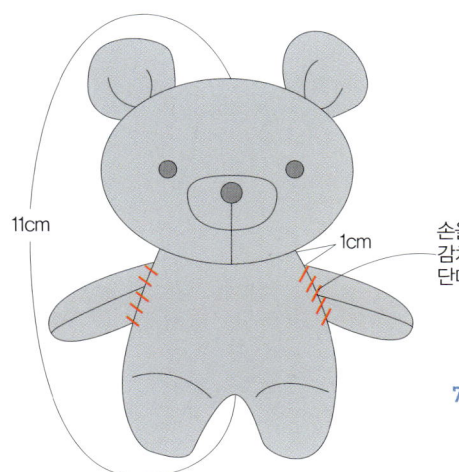

7 얼굴의 밑부분에서 1cm 내려간 옆선의 위치에 손을 감쳐 달아서 완성한다.

PART 3 하루 만에 소품 만들기 · 135

DIY ITEM 13
토트백

평상시에도 사용할 수 있도록 만든 토트백으로 안감도 달아서 만들었다.
시중에 파는 가죽 소재 손잡이를 달면 더욱 단정한 느낌이 든다.

제작 ARIGAERI studio-hana
실 제공 FUJIX

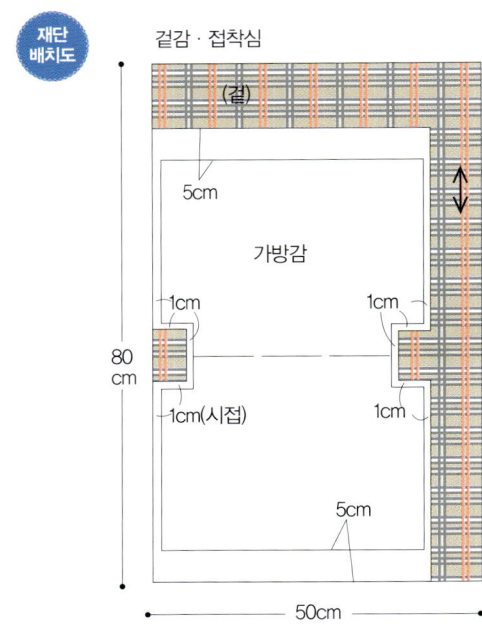

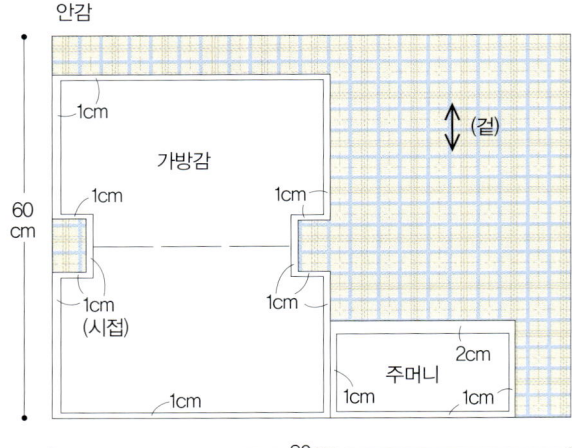

재료 (1개분)

겉감(코튼) 50cm(폭)×80cm
안감(코튼) 80cm(폭)×60cm
접착심 50cm(폭)×80cm
손잡이 1쌍

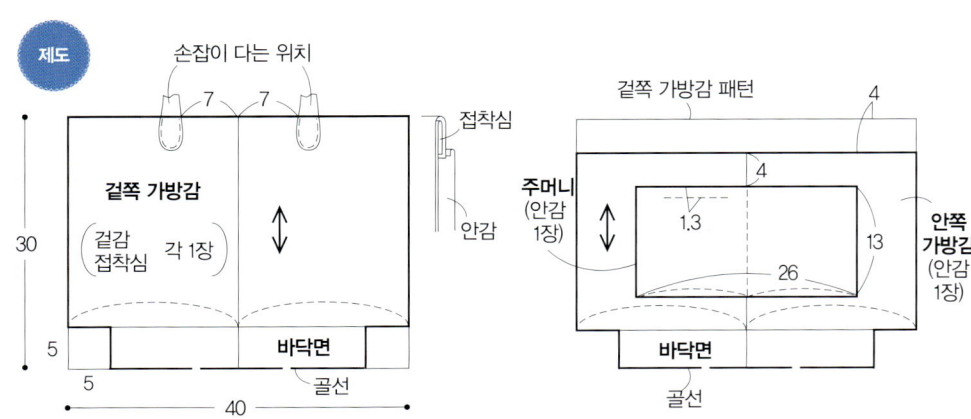

136 · 쉽게 배우는 재봉&수선

1 겉쪽 가방감에 접착심을 붙인다.

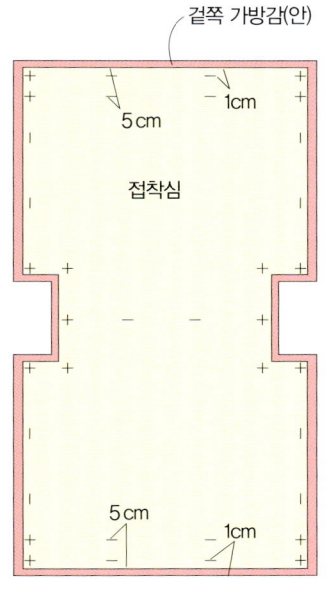

겉쪽 가방감의 안과 접착심의 접착제가 묻어 있는 면(거칠거칠한 면)을 맞댄 다음 다림질을 해서 접착한다.

2 겉쪽 가방감에 접착심을 붙인다.

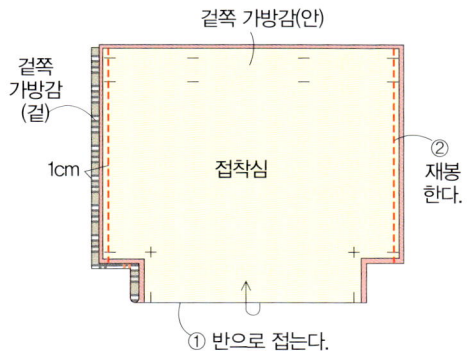

1 겉쪽 가방감의 겉끼리 맞대어 반으로 접은 다음 옆선에서 안으로 1cm 들어간 위치를 각각 재봉한다.

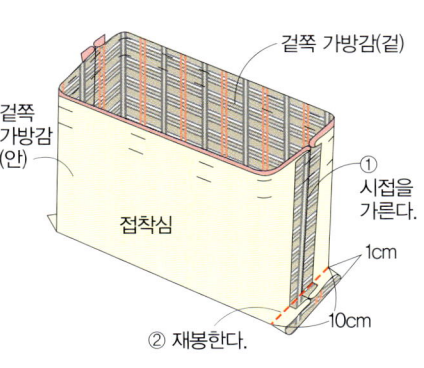

2 시접을 가른 다음 바닥면을 접는다. 가장자리에서 1cm 안쪽을 재봉한다.

3 안쪽 가방감을 만든다.

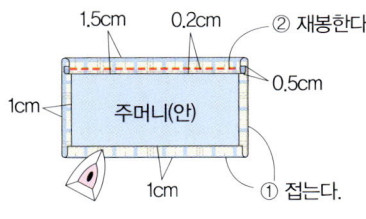

1 완성선을 따라 주머니를 접는다. 주머니 입구가 될 부분을 0.5cm 접은 다음 다시 1.5cm 접는다. 그림처럼 접힌 부분의 가장자리에서 0.2cm 들어간 위치를 재봉한다.

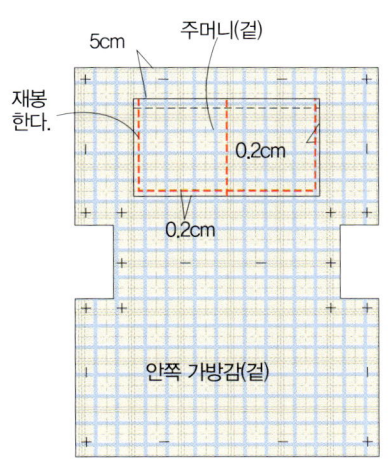

2 안쪽 가방감의 주머니 다는 위치에 주머니를 올려놓은 다음 주머니감의 가장자리와 중심을 재봉한다.

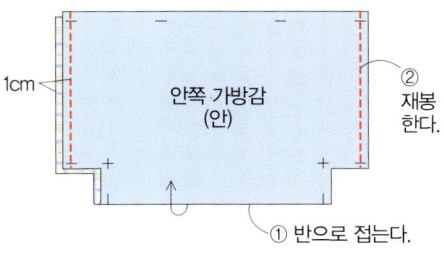

3 안쪽 가방감의 겉끼리 맞대어 반으로 접은 다음 옆선에서 안으로 1cm 들어간 위치를 각각 재봉한다.

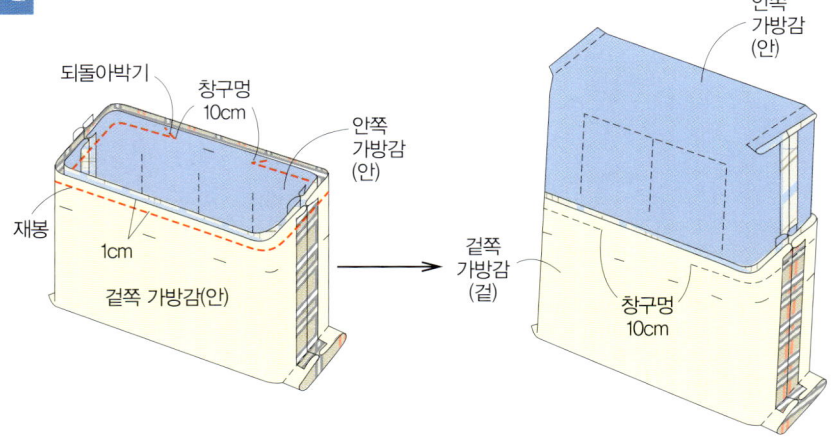

4 시접을 가른 다음 바닥면을 만든다. 가장자리에서 안쪽으로 1cm 들어간 위치를 재봉한다.

1 안쪽 가방감을 겉으로 뒤집는다. 겉쪽 가방감 안에 안쪽 가방감을 넣은 다음 창구멍을 10cm 남기고 가장자리에서 1cm 들어간 위치를 한 바퀴 빙 둘러 꿰맨다.

2 안쪽 가방감을 꺼낸 다음 시접을 안쪽 가방감 쪽으로 접는다.

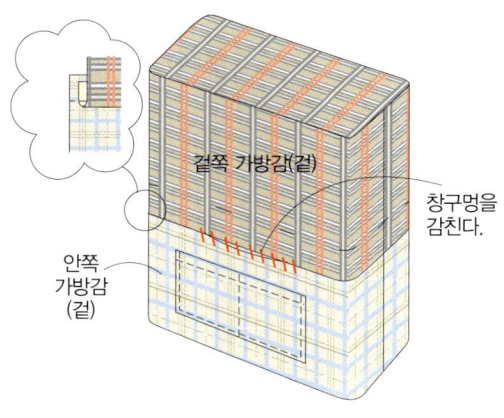
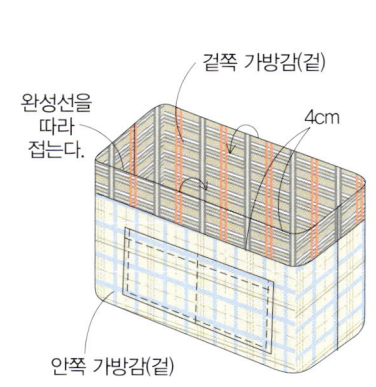
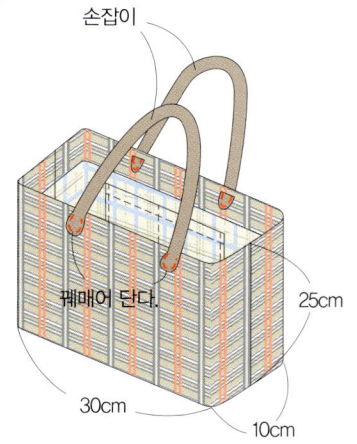

1 창구멍을 통해 겉으로 뒤집은 다음 창구멍을 감친다.

2 겉쪽 가방감이 안쪽 가방감 위로 4cm 더 나오게 해서 접는다.

손잡이를 달 위치에 손잡이를 맞대어 놓고 손바느질로 달아서 완성한다.

쉽게 배우는 재봉&수선

초판 1쇄 발행 2013년 4월 4일
초판 7쇄 발행 2022년 11월 14일

지은이 부티크사 편집부
옮긴이 김수연
펴낸이 김영조
콘텐츠기획팀 정은아, 김희현
마케팅팀 김민수, 최예름, 구예원
디자인팀 정지연
경영지원팀 정은진
외부스태프 디자인 design group ALL
펴낸곳 싸이프레스
주소 서울시 마포구 양화로7길 44, 3층
전화 02-335-0385/0399
팩스 02-335-0397
이메일 cypressbook1@naver.com
홈페이지 www.cypressbook.co.kr
블로그 blog.naver.com/cypressbook1
포스트 post.naver.com/cypressbook1
인스타그램 싸이프레스 @cypress_book
　　　　　　싸이클 @cycle_book
출판등록 2009년 11월 3일 제2010-000105호

ISBN 978-89-97125-26-5 13590

· 책값은 뒤표지에 있습니다.
· 파본은 구입하신 곳에서 교환해 드립니다.

이 도서의 국립중앙도서관 출판시도서목록(CIP)은 e-CIP홈페이지(http://www.nl.go.kr/cip.php)와 국가자료공동목록시스템(http://www.nl.go.kr/kolisnet)에서 이용하실 수 있습니다. (CIP 제어번호: 2013001682)